DESCRIBIENDO EL CÓDIGO PM

Una guía paso a paso para aspirantes a gerentes de producto

Mccarthy J. Grant

DESCRIBIENDO EL CÓDIGO PM

Copyright © 2024 por Mccarthy J. Grant

Reservados todos los derechos.

Ninguna parte de este libro puede usarse ni reproducirse por ningún medio gráfico, electrónico o mecánico, incluidas fotocopias, grabaciones, cintas o cualquier sistema de recuperación de almacenamiento de información sin el permiso por escrito del editor.

TABLA DE CONTENIDOS

Agradecimientos.. 7
Capítulo 1: Introducción a la gestión de productos 11
   ¿Qué es la gestión de productos?........................... 11
   La importancia de la gestión de productos............. 12
   Responsabilidades clave de un gerente de producto. 12
   Diferentes tipos de funciones de PM...................... 14
   La evolución de la gestión de productos...... dieciséis
   ¿Por qué seguir una carrera en gestión de productos?.. 17

Capítulo 2: El panorama de la industria tecnológica.. 19
   Descripción general del sector tecnológico............ 19
   Principales actores y empresas emergentes..........22
   Tendencias e innovaciones en la gestión de productos tecnológicos..24
   Desafíos en la industria tecnológica....................... 27

Capítulo 3: Habilidades y cualidades de un gerente de producto exitoso... 30
   Competencias básicas...30
   Equilibrio de habilidades técnicas y habilidades sociales..34
   Habilidades y conocimientos específicos de la

industria.. 36
Aprendizaje y desarrollo continuo........................37

Capítulo 4: Creación de un currículum de PM sólido. 40

Estructurar su currículum para generar impacto.... 40
Destacando experiencias y logros relevantes........ 45
Adaptación de su currículum a diferentes empresas.. 48

Capítulo 5: Elaboración de una carta de presentación convincente... 51

Propósito y estructura de una carta de presentación. 51
Mostrando su idoneidad para el rol de PM............. 57
Consejos para hacer que su carta de presentación se destaque.. 60

Capítulo 6: Estrategias de networking..................... 62

Comprender la importancia de la creación de redes.. 62
Construyendo su red profesional...........................64
Nutrir y mantener su red..68
Networking para introvertidos................................70

Capítulo 7: Encontrar oportunidades laborales de PM.. 74

Utilización de bolsas de trabajo y sitios web de empresas..74
Aprovechamiento de las agencias de contratación 78
Mejorando su presencia en línea...........................79
Solicitud directa y seguimiento.............................. 80
Aprovechar el trabajo independiente y por contrato... 82

3

Mantenerse actualizado con las tendencias de la industria.................. 83
Capítulo 8: Envío de su solicitud............................ 85
Enviar su solicitud.................................88
Seguimiento después del envío....................91
Capítulo 9: Tipos de entrevistas de PM..................... 96
Capítulo 10: Preguntas comunes de la entrevista de PM... 105
Consejos para responder las preguntas de la entrevista de PM...................................... 109
Capítulo 11: Preparación de estudios de caso para entrevistas de PM... 111
Comprender el propósito de las entrevistas de estudio de caso... 111
Pasos para prepararse para las entrevistas de estudio de caso... 112
Cómo abordar las entrevistas de estudios de caso.... 116
Consejos para el éxito............................ 117
Capítulo 12: Preguntas sobre estrategia y diseño de productos en entrevistas de PM............................ 120
Comprender las entrevistas de estrategia y diseño de productos.. 120
Tipos de preguntas sobre estrategia y diseño de productos... 121
Consejos para abordar cuestiones de estrategia y diseño de productos............................ 125
Capítulo 13: Conocimientos técnicos para entrevistas de PM.. 127
Comprender el papel del conocimiento técnico en la gestión de productos........................... 127

Tipos de preguntas técnicas en entrevistas de PM.... 130

Consejos para la preparación técnica................ 133

Capítulo 14: La pantalla inicial del teléfono........... 136

Comprender el propósito...................................... 136

Consejos de preparación....................................... 137

Capítulo 15: Entrevistas in situ................................ 141

Consejos de preparación....................................... 141

Estructura de la entrevista en el sitio................... 142

Capítulo 16: Entrevistas conductuales para gerentes de producto.. 147

Consejos de preparación....................................... 148

Preguntas de comportamiento comunes.............. 149

Capítulo 17: Ronda final y entrevistas ejecutivas. 153

Entrevistas de la ronda final................................. 153

Capítulo 18: Seguimiento después de las entrevistas 160

La importancia del seguimiento............................ 160

Tiempo y medio... 161

Estructura de un correo electrónico de seguimiento.. 161

Ejemplo de correo electrónico de seguimiento..... 163

Capítulo 19: Negociación de ofertas de trabajo.... 166

Preparación para la negociación........................... 167

El proceso de negociación.....................................168

Tácticas de negociación.. 169

Ejemplo de correo electrónico de contraoferta..... 170

Capítulo 20: Incorporación y comienzo de su carrera como PM..173

Comprender la incorporación............................ 173
Preparación previa al inicio.............................174
Primera semana.. 174
Primer mes.. 176
Primeros tres meses...177
Desarrollo en curso...178
Capítulo 21: Aprendizaje y desarrollo continuo.... 179
Adopte una mentalidad de aprendizaje............... 180
Aproveche diversos recursos de aprendizaje.......181
Interactuar con comunidades profesionales......... 183
Busque tutoría y coaching..................................... 184
Experiencia práctica y experimentación.............. 185
Reflexionar y adaptarse..187
Capítulo 22: Herramientas y software de PM.........188
Planificación y hoja de ruta del producto............. 189
Gestión de proyectos y seguimiento de tareas.....191
Colaboración y comunicación................................ 192
Investigación y comentarios de usuarios.............. 194
Análisis y datos.. 195
Diseño y creación de prototipos............................. 196
Gestión de relaciones con el cliente (CRM)......... 198
Estudios de casos de PM exitosos.........................200
Estudio de caso 1: Marissa Mayer: de Google a Yahoo..200
Desafíos y Logros..200
Estudio de caso 2: Sundar Pichai: líder en Google Chrome..203
Estudio de caso 3: Sheryl Sandberg: escalar Facebook...206

DESCRIBIENDO EL CÓDIGO PM

Glosario de términos de gestión de productos..... 209

Agradecimientos

El viaje de creación de este libro ha sido desafiante e inmensamente gratificante. No habría sido posible sin el apoyo, la orientación y las contribuciones de muchas personas y organizaciones. Estoy profundamente agradecido a todos aquellos que han contribuido a hacer realidad este trabajo.

En primer lugar, me gustaría extender mi más sincero agradecimiento a mi familia y amigos por su incondicional apoyo y aliento. Para mi esposa, Sarah Grant, su fe en mí y su infinita paciencia han sido una fuente constante de motivación a lo largo de este esfuerzo. A mis hijos, Emily y James, su alegría y curiosidad me inspiran todos los días. A mis padres, John y Margaret Grant, gracias por inculcarme los valores del trabajo duro y la perseverancia. Para mis hermanos, Laura y Michael, su aliento y apoyo han significado mucho para mí.

Estoy profundamente agradecido a los numerosos gerentes de producto, expertos de la industria y mentores que generosamente compartieron sus experiencias, conocimientos y sabiduría. Sus contribuciones han enriquecido el contenido de este libro y han proporcionado perspectivas prácticas invaluables que beneficiarán a los aspirantes a gerentes de producto.

Un agradecimiento especial a mi editor, cuya meticulosa atención al detalle y sus reflexivos comentarios han mejorado significativamente la calidad de este libro. Su experiencia y dedicación han sido fundamentales para dar forma al manuscrito final.

También me gustaría agradecer el apoyo de mis colegas y colaboradores que brindaron críticas constructivas, compartieron sus conocimientos y ofrecieron aliento a lo largo del camino. Su aporte ha sido invaluable para perfeccionar las ideas y conceptos presentados en este libro.

Un sincero agradecimiento al equipo editorial de [Nombre del editor] por su profesionalismo y compromiso con la excelencia. Su apoyo y experiencia han sido cruciales para darle vida a este libro y garantizar su éxito.

Finalmente, agradezco a los lectores que inspiran la creación de este tipo de obras. Espero que este libro sirva como un recurso valioso en su viaje para convertirse en gerentes de productos exitosos y realizar contribuciones impactantes a la industria de la tecnología.

Gracias a todos por su apoyo, contribuciones y aliento.

DESCRIBIENDO EL CÓDIGO PM

Mccarthy J. Grant

Parte 1: Comprender el papel de un gerente de producto

Capítulo 1: Introducción a la gestión de productos

¿Qué es la gestión de productos?

La gestión de productos es la práctica de supervisar el desarrollo, el marketing y la mejora continua de un producto a lo largo de su ciclo de vida. Los gerentes de producto (PM) son responsables de garantizar que un producto satisfaga las necesidades de sus usuarios, se alinee con los objetivos comerciales y se mantenga competitivo en el mercado. Actúan como puente entre diversas funciones dentro de una organización, como ingeniería, diseño, marketing y ventas, para llevar un producto desde el concepto hasta el éxito en el mercado.

La importancia de la gestión de productos

En el panorama tecnológico competitivo y acelerado de hoy, la gestión eficaz de productos es crucial para el éxito de una empresa. Los PM desempeñan un papel clave en la identificación de oportunidades de mercado, la definición de la visión y la estrategia del producto y la conducción de la ejecución de esa estrategia. Su trabajo garantiza que los productos no sólo satisfagan las necesidades de los clientes sino que también se destaquen en un mercado abarrotado.

Responsabilidades clave de un gerente de producto

El papel de un gerente de producto es multifacético y dinámico. Las responsabilidades clave suelen incluir:

Investigación y análisis de mercado

- Comprender las tendencias del mercado, las necesidades de los clientes y el panorama competitivo.
- Realizar investigaciones de usuarios y recopilar comentarios para informar las decisiones sobre productos.

Estrategia y visión del producto

- Definir la visión del producto y fijar objetivos a largo plazo.
- Crear una hoja de ruta del producto que describa el plan de desarrollo y lanzamiento.

Desarrollo de productos

- Colaborar con equipos de ingeniería y diseño para construir el producto.
- Priorizar funciones y gestionar la cartera de productos.

Planificación de comercialización

- Coordinación con los equipos de marketing y ventas para el lanzamiento del producto.
- Desarrollar estrategias de precios y posicionar el producto en el mercado.

Monitoreo e iteración del rendimiento

- Analizar métricas de rendimiento del producto y comentarios de los usuarios.
- Iterar sobre el producto para mejorar su funcionalidad y experiencia de usuario.

Diferentes tipos de funciones de PM

Las funciones de gestión de productos pueden variar significativamente según la empresa, la industria y el producto específico. Los tipos comunes de funciones de PM incluyen:

Gerente Técnico de Producto (TPM)

- Se centra en productos que requieren una importante experiencia técnica.
- Trabaja en estrecha colaboración con equipos de ingeniería para resolver problemas técnicos complejos.

Gerente de Producto de Crecimiento

- Se concentra en estrategias para impulsar la adquisición, retención y monetización de usuarios.
- Analiza datos para identificar oportunidades de crecimiento y optimizar los embudos de usuario.

Gerente de Marketing de Producto (PMM)

- Se centra en la estrategia de comercialización, incluidos mensajes, posicionamiento y promoción.
- Trabaja en estrecha colaboración con los equipos de marketing y ventas para impulsar la adopción de productos.

Gerente de Producto de Datos

- Gestiona productos relacionados con infraestructura de datos, análisis y aprendizaje automático.
- Trabaja con científicos e ingenieros de datos para aprovechar los datos para mejorar los productos.

La evolución de la gestión de productos

El papel de la gestión de productos ha evolucionado significativamente en las últimas décadas. Inicialmente, los gerentes de producto eran vistos a menudo como gerentes de proyectos, enfocados principalmente en garantizar que los productos se entregaran a tiempo y dentro del presupuesto. Sin embargo, a medida que la tecnología y las expectativas de los clientes han avanzado, el rol se ha ampliado para incluir responsabilidades estratégicas que impulsan la dirección general del producto y el negocio.

Se espera que los gerentes de producto de hoy sean visionarios que puedan navegar en la incertidumbre, tomar decisiones basadas en datos y liderar equipos multifuncionales. Deben equilibrar las necesidades de los usuarios con los objetivos comerciales, iterar constantemente sus productos y mantenerse ágiles frente a las condiciones cambiantes del mercado.

¿Por qué seguir una carrera en gestión de productos?

Una carrera en gestión de productos puede resultar muy gratificante por varias razones:

Impacto e influencia

- Los PM tienen un impacto significativo en el éxito de un producto y, por extensión, de la empresa.

- A menudo trabajan en productos innovadores que pueden dar forma a industrias y mejorar vidas.

Conjunto diverso de habilidades

- El puesto requiere una combinación de pensamiento estratégico, conocimientos técnicos y habilidades interpersonales.
- Los PM aprenden y se adaptan continuamente, lo que la convierte en una carrera dinámica e intelectualmente estimulante.

Oportunidades de crecimiento profesional

- La gestión de productos es un camino hacia puestos de liderazgo senior, como vicepresidente de producto o director de producto (CPO).
- Las habilidades y la experiencia adquiridas en la gestión de productos son transferibles entre industrias y sectores.

Capítulo 2: El panorama de la industria tecnológica

Descripción general del sector tecnológico

El sector tecnológico es un campo dinámico y en rápida evolución que abarca una amplia gama de industrias, incluidos software, hardware, telecomunicaciones y servicios de tecnología de la información. Este sector se caracteriza por la innovación continua, una importante inversión en investigación y desarrollo y la constante introducción de nuevos productos y servicios que transforman la forma en que las personas viven y trabajan.

La industria tecnológica se puede dividir en términos generales en varias áreas clave:

Electrónica de consumo

- Productos como teléfonos inteligentes, tabletas, computadoras portátiles y dispositivos portátiles.
- Los principales actores incluyen Apple, Samsung y Microsoft.

Software y Aplicaciones

- Sistemas operativos, software de productividad, aplicaciones empresariales y aplicaciones móviles.
- Empresas como Microsoft, Google y Adobe dominan este espacio.

Servicios de Internet y comercio electrónico

- Plataformas en línea, motores de búsqueda, redes sociales y sitios web de comercio electrónico.
- Gigantes como Google, Facebook, Amazon y Alibaba lideran el mercado.

Redes y Telecomunicaciones

- Infraestructura para internet, redes móviles y transmisión de datos.
- Los jugadores clave incluyen Cisco, Huawei y Qualcomm.

Computación en la nube y centros de datos

- Servicios que proporcionan recursos informáticos y almacenamiento bajo demanda.
- Las empresas líderes son Amazon Web Services (AWS), Microsoft Azure y Google Cloud.

Inteligencia artificial y aprendizaje automático

- Tecnologías que permiten a las máquinas aprender y tomar decisiones.
- Los innovadores en este campo incluyen IBM, Google y OpenAI.

La seguridad cibernética

- Soluciones para proteger sistemas, redes y datos de amenazas cibernéticas.
- Las empresas destacadas son Symantec, Palo Alto Networks y CrowdStrike.

tecnología financiera

- Tecnologías que mejoran y automatizan los servicios financieros.
- Las empresas notables incluyen PayPal, Square y Stripe.

Principales actores y empresas emergentes

La industria tecnológica está dominada por unas pocas empresas importantes, a menudo denominadas "Big Tech" o "FAANG" (Facebook, Amazon, Apple, Netflix y Google). Estas empresas tienen vastos recursos, amplias bases de usuarios y una influencia significativa sobre el mercado. Continúan liderando la innovación y estableciendo estándares en la industria.

Sin embargo, el panorama tecnológico también es un terreno fértil para las nuevas empresas y las empresas emergentes que aportan nuevas ideas y tecnologías disruptivas. Muchas de estas empresas escalan rápidamente y se convierten ellas mismas en actores importantes. Ejemplos de tales empresas incluyen:

- Stripe: revolucionando los pagos en línea.
- Zoom: transformando la comunicación y la colaboración virtuales.
- Snowflake: innovación en almacenamiento y análisis de datos.
- Palantir: proporciona soluciones avanzadas de análisis de datos.

Tendencias e innovaciones en la gestión de productos tecnológicos

El sector tecnológico está marcado por varias tendencias e innovaciones clave que están dando forma al futuro de la gestión de productos:

Inteligencia artificial y aprendizaje automático

- La IA y el ML se integran cada vez más en los productos para brindar experiencias más inteligentes y personalizadas.
- Los PM deben entender cómo aprovechar estas tecnologías para mejorar la funcionalidad del producto.

Computación en la nube

- El cambio a servicios basados en la nube permite soluciones escalables, flexibles y rentables.
- Los PM deben considerar la infraestructura y los servicios de la nube en sus estrategias de productos.

Internet de las cosas (IoT)

- IoT conecta dispositivos cotidianos a Internet, lo que permite nuevos niveles de automatización y recopilación de datos.
- Los PM deberían explorar cómo se puede utilizar IoT para crear productos y servicios innovadores.

Tecnología 5G

- El despliegue de redes 5G promete una conectividad a Internet más rápida y confiable.
- Los PM pueden aprovechar 5G para desarrollar nuevos productos que requieran conexiones de alta velocidad y baja latencia.

La seguridad cibernética

- A medida que las amenazas cibernéticas se vuelven más sofisticadas, la

ciberseguridad se convierte en una preocupación fundamental.
- Los PM deben priorizar las funciones de seguridad y garantizar que sus productos cumplan con las regulaciones.

Sostenibilidad y tecnología verde

- Hay un énfasis creciente en la creación de tecnologías respetuosas con el medio ambiente.
- Los gestores de proyectos deberían considerar la sostenibilidad en sus procesos de desarrollo de productos.

Realidad Aumentada (AR) y Realidad Virtual (VR)

- AR y VR están creando experiencias inmersivas en juegos, educación y trabajo remoto.
- Los PM pueden explorar estas tecnologías para mejorar la participación y la interacción de los usuarios.

Herramientas de colaboración y trabajo remoto

La pandemia de COVID-19 ha acelerado la adopción de herramientas de trabajo remoto. Los gestores de proyectos deben centrarse en desarrollar y mejorar soluciones que admitan entornos de trabajo remotos e híbridos.

Desafíos en la industria tecnológica

Si bien la industria tecnológica ofrece enormes oportunidades, también presenta varios desafíos:

Cambio tecnológico rápido

- Mantenerse al día con el ritmo de los avances tecnológicos puede resultar abrumador.
- Los PM deben mantenerse informados sobre las nuevas tecnologías y adaptar continuamente sus estrategias.

Competición intensa

- La industria tecnológica es muy competitiva y muchas empresas compiten por cuota de mercado.
- Los PM necesitan identificar propuestas de valor únicas y diferenciar sus productos.

Cuestiones regulatorias y de cumplimiento

- Las empresas de tecnología deben navegar entornos regulatorios complejos, incluidas leyes de privacidad de datos y regulaciones antimonopolio.
- Los PM deben asegurarse de que sus productos cumplan con todas las regulaciones pertinentes.

Adquisición y Retención de Talento

- Atraer y retener a los mejores talentos es crucial para el éxito.

- Los PM deben fomentar una cultura de innovación y brindar oportunidades de crecimiento profesional.

Privacidad del usuario y seguridad de los datos

- Proteger los datos de los usuarios es primordial y las infracciones pueden dañar la reputación de una empresa.
- Los PM deben priorizar medidas de seguridad sólidas y prácticas de datos transparentes.

Capítulo 3: Habilidades y cualidades de un gerente de producto exitoso

Competencias básicas

Un gerente de producto (PM) exitoso debe poseer un conjunto diverso de habilidades y cualidades que le permitan administrar productos de manera efectiva desde el inicio hasta el éxito en el mercado. Estas competencias abarcan conocimientos técnicos, pensamiento estratégico y habilidades interpersonales. A continuación se detallan las habilidades y cualidades esenciales que distinguen a los PM efectivos.

Visión estratégica

- Comprensión del mercado: capacidad para analizar las tendencias del mercado,

comprender las necesidades de los clientes e identificar oportunidades de innovación.
- Planificación a largo plazo: desarrollar una visión del producto que se alinee con los objetivos de la empresa y crear una hoja de ruta para lograrlo.

Capacidad técnica

- Conocimientos técnicos: si bien los PM no necesitan ser ingenieros, comprender los aspectos técnicos del producto ayuda a tomar decisiones informadas y comunicarse de manera efectiva con el equipo de desarrollo.
- Habilidades de resolución de problemas: capacidad para abordar desafíos técnicos y facilitar soluciones que sean factibles y eficientes.

Mentalidad centrada en el usuario

- Empatía con el cliente: comprensión profunda de las necesidades, los puntos

débiles y los comportamientos de los usuarios objetivo.
- Diseño de experiencia de usuario (UX): colaborar con equipos de diseño para garantizar que el producto sea intuitivo y cumpla con las expectativas del usuario.

Pensamiento analítico

- Análisis de datos: competencia en el análisis de datos para informar decisiones de productos, realizar un seguimiento del rendimiento e identificar áreas de mejora.
- Basado en métricas: establecimiento y seguimiento de indicadores clave de rendimiento (KPI) para medir el éxito del producto.

Habilidades de comunicación

- Colaboración multifuncional: capacidad para comunicarse de manera efectiva con diversas partes interesadas, incluidos

equipos de ingeniería, diseño, marketing, ventas y ejecutivos.
- Comunicación persuasiva: presentar ideas y estrategias de manera convincente para lograr la aceptación de las partes interesadas.

Gestión de proyectos

- Metodologías ágiles: familiaridad con las prácticas ágiles para gestionar el ciclo de vida del desarrollo de productos de manera eficiente.
- Gestión del tiempo: priorizar tareas y gestionar cronogramas para garantizar la entrega oportuna de las funciones del producto.

Liderazgo e influencia

- Liderazgo de equipo: inspirar y guiar a equipos multifuncionales hacia un objetivo común.

- Toma de decisiones: Tomar decisiones informadas y oportunas, a menudo frente a incertidumbre o información limitada.

Adaptabilidad y resiliencia

- Flexibilidad: Capacidad para adaptarse a las condiciones cambiantes del mercado, los comentarios de los clientes y las prioridades organizacionales.
- Resiliencia: Mantener la compostura y la perseverancia ante los reveses y desafíos.

Equilibrio de habilidades técnicas y habilidades sociales

Un PM exitoso logra un equilibrio entre habilidades técnicas y habilidades interpersonales. Las habilidades técnicas permiten a los PM comprender las complejidades del desarrollo de productos y comunicarse de manera efectiva con los equipos de ingeniería. Éstas incluyen:

- Alfabetización técnica: conocimiento de la pila tecnológica, las API y las herramientas de desarrollo del producto.
- Competencia con los datos: capacidad para utilizar herramientas de análisis para recopilar información y tomar decisiones basadas en datos.

Por otro lado, las habilidades sociales son cruciales para liderar equipos, gestionar partes interesadas y comprender a los clientes. Éstas incluyen:

- Comunicación y colaboración: construir relaciones sólidas con los miembros del equipo y las partes interesadas, y garantizar la alineación en toda la organización.
- Empatía: comprender y abordar las necesidades e inquietudes de los clientes y miembros del equipo.

Habilidades y conocimientos específicos de la industria

Si bien las competencias básicas de un PM son en gran medida transferibles entre industrias, ciertos sectores pueden requerir conocimientos especializados adicionales. Por ejemplo:

- Industria tecnológica: familiaridad con los ciclos de vida del desarrollo de software, la computación en la nube, la ciberseguridad y las tecnologías emergentes como la inteligencia artificial y el aprendizaje automático.
- Atención médica: comprensión de los requisitos reglamentarios, la terminología médica y los flujos de trabajo de atención al paciente.
- Finanzas: Conocimiento de productos financieros, regulaciones y dinámicas de mercado.

Aprendizaje y desarrollo continuo

El papel de un PM está en constante evolución, lo que requiere un compromiso con el aprendizaje y el desarrollo continuos. Los PM exitosos se mantienen actualizados con las tendencias de la industria, las tecnologías emergentes y las mejores prácticas a través de:

- Cursos de desarrollo profesional: inscribirse en cursos y certificaciones relevantes para la gestión de productos y la industria específica.
- Establecimiento de contactos y tutoría: interactuar con otros PM y líderes de la industria a través de redes profesionales, conferencias y programas de tutoría.
- Lectura e investigación: lectura periódica de publicaciones, blogs y libros de la industria sobre gestión de productos y campos relacionados.

Parte 2: Preparación para la búsqueda de empleo

Capítulo 4: Creación de un currículum de PM sólido

Elaborar un currículum atractivo es un paso crucial para conseguir un trabajo de gestión de productos (PM). Su currículum debe mostrar de manera efectiva sus habilidades, experiencias y logros para destacar ante los reclutadores y gerentes de contratación. Aquí hay una guía para crear un currículum de PM sólido.

Estructurar su currículum para generar impacto

Un currículum bien estructurado es fácil de leer y resalta la información más importante de manera destacada. A continuación le indicamos cómo estructurar su currículum PM:

Información del contacto

Incluya su nombre, número de teléfono, dirección de correo electrónico, perfil de LinkedIn y sitio web o portafolio personal (si corresponde).
Resumen Profesional

Un resumen breve y convincente que destaca sus logros profesionales, habilidades clave y lo que aporta al puesto de PM.
Ejemplo: "Gerente de producto experimentado con más de 5 años en la industria tecnológica, especializado en liderar equipos multifuncionales para ofrecer soluciones innovadoras que impulsen la participación del usuario y el crecimiento empresarial. Historial comprobado en investigación de mercado, estrategia de productos y toma de decisiones basada en datos".

Habilidades clave
Una sección que enumera sus competencias principales y habilidades técnicas relevantes para la gestión de productos.

Ejemplo: Metodologías ágiles, investigación de usuarios, análisis de datos, hojas de ruta, gestión de partes interesadas, alfabetización técnica, diseño UX/UI, estrategia de mercado.

Experiencia profesional

- Enumere su experiencia laboral en orden cronológico inverso, comenzando con su trabajo más reciente.
- Para cada puesto, incluya el título del trabajo, el nombre de la empresa, la ubicación y las fechas de empleo.
- Utilice viñetas para describir sus responsabilidades y logros, centrándose en resultados cuantificables.

P.ej;

Gerente de Producto, ABC Tech
San Francisco, California | Enero 2020 – Presente
- Lideré un equipo multifuncional de 10 personas para lanzar una nueva aplicación móvil, lo que resultó en un aumento del 30 %

en la participación de los usuarios en los primeros 6 meses.
- Realicé investigaciones de mercado y entrevistas a usuarios para identificar puntos débiles clave, impulsando el desarrollo de 5 nuevas características que mejoraron la retención de usuarios en un 25%.
- Gestioné la hoja de ruta del producto y prioricé los elementos del backlog, asegurando la entrega oportuna de funciones de alto impacto.

Educación

- Incluye tus calificaciones académicas, comenzando por el título más reciente.
- Mencionar el título obtenido, institución, ubicación y fecha de graduación.

P.ej;

Maestría en Administración de Empresas (MBA)
Universidad de Stanford, Stanford, CA | junio 2018

Certificaciones y Cursos

- Enumere las certificaciones y cursos relevantes que mejoran sus calificaciones como PM.
- Ejemplo: propietario certificado de producto Scrum (CSPO), certificado en marketing pragmático (PMC), ciencia de datos para líderes empresariales (Coursera).

Proyectos

- Resalte los proyectos importantes en los que haya trabajado, especialmente si muestran sus habilidades de PM.
- Incluya el título del proyecto, su función y los logros o resultados clave.

P.ej;

Proyecto: Lanzamiento de Plataforma de Comercio Electrónico
Rol: Gerente líder de producto

- Lideré el desarrollo y lanzamiento de una nueva plataforma de comercio electrónico, logrando un aumento del 20% en las ventas online en el primer trimestre.

información adicional

- Esta sección puede incluir trabajo voluntario relevante, idiomas hablados u otros intereses que puedan ser pertinentes para el rol de PM.

Destacando experiencias y logros relevantes

Para que su currículum se destaque, concéntrese en resaltar experiencias y logros que sean directamente relevantes para el rol de PM. A continuación se ofrecen algunos consejos:

Cuantifica tus logros

- Utilice números para demostrar el impacto de su trabajo (por ejemplo, aumentos porcentuales en la participación de los usuarios, crecimiento de los ingresos, ahorro de costos).
- Ejemplo: "Aumento de la retención de usuarios en un 20 % mediante la implementación de un nuevo proceso de incorporación".

Centrarse en los resultados

- Enfatice los resultados de sus acciones en lugar de simplemente enumerar tareas.
- Ejemplo: "Dirigí un equipo multifuncional para ofrecer una nueva función que resultó en un aumento del 15 % en los usuarios activos mensuales".

Muestra de liderazgo y colaboración

- Resalte su capacidad para liderar equipos y colaborar con diversas partes interesadas.

- Ejemplo: "Coordinado con equipos de ingeniería, diseño y marketing para garantizar lanzamientos de productos sin problemas".

Incluir palabras clave relevantes

- Adapte su currículum para incluir palabras clave de la descripción del trabajo para pasar por los Sistemas de seguimiento de candidatos (ATS).
- Ejemplo: si la descripción del trabajo menciona "mapa de ruta" e "investigación de usuarios", asegúrese de que estos términos aparezcan de manera destacada en su currículum.

Adaptación de su currículum a diferentes empresas

Diferentes empresas tienen diferentes culturas y valores. Adaptar su currículum a cada solicitud puede aumentar significativamente sus posibilidades de hacerse notar. Así es cómo:

Investigar la empresa

- Comprenda los productos, los valores y el puesto específico que está solicitando de la empresa.
- Ejemplo: si se postula para una empresa conocida por su cultura basada en datos, enfatice su experiencia con el análisis de datos y la toma de decisiones basada en métricas.

Alinee su resumen profesional

- Personalice su resumen profesional para reflejar las necesidades y la cultura de la empresa.
- Ejemplo: si la empresa valora la innovación, resalte su experiencia con soluciones de productos innovadoras.

Haga coincidir su experiencia con la descripción del trabajo

- Ajuste sus viñetas para enfatizar las experiencias que se alinean con los requisitos del trabajo.
- Ejemplo: si la descripción del trabajo destaca la necesidad de experiencia con metodologías ágiles, asegúrese de que su experiencia ágil esté claramente detallada.

Muestre proyectos y logros relevantes

- Seleccione proyectos y logros que sean más relevantes para la industria de la empresa y el puesto.
- Ejemplo: Para una empresa del sector fintech, resalte su experiencia con productos financieros y cumplimiento.

Capítulo 5: Elaboración de una carta de presentación convincente

Una carta de presentación es un componente crucial de su solicitud de empleo para un puesto de gestión de productos (PM). Brinda la oportunidad de presentarse, resaltar sus experiencias más relevantes y explicar por qué es perfecto para el puesto. A continuación se muestra una guía completa para elaborar una carta de presentación convincente que capte la atención de los reclutadores y gerentes de contratación.

Propósito y estructura de una carta de presentación

Una carta de presentación debe complementar su currículum proporcionando contexto adicional y mostrando su personalidad. Normalmente consta de las siguientes secciones:

Encabezamiento

- Incluya su información de contacto (nombre, número de teléfono, dirección de correo electrónico) y la fecha.
- Agregue el nombre, cargo, empresa y dirección del destinatario.

P.ej;

.John Doe
123 calle principal
Código postal
juandoe@ejemplo.com
7 de junio de 2024

Jane Smith
Director de Recursos Humanos
Innovaciones tecnológicas Inc.
456 Unidad tecnológica
Código postal

Saludo

- Dirígete al gerente de contratación por su nombre. Si el nombre no está disponible, utilice un saludo genérico como "Estimado gerente de contratación".
- Ejemplo: "Estimada señora Smith"

Introducción

- Preséntese y mencione el puesto que está solicitando.
- Incluya una breve declaración sobre por qué está interesado en el puesto y la empresa.
- Ejemplo: "Le escribo para expresar mi interés en el puesto de Gerente de Producto en Tech Innovations Inc. Con más de cinco años de experiencia en gestión de productos y una pasión por desarrollar soluciones innovadoras, estoy entusiasmado con la oportunidad de contribuir a su equipo".

Cuerpo

- Primer párrafo: Resalte su experiencia y habilidades más relevantes. Explique cómo su experiencia se alinea con los requisitos del trabajo.
- Ejemplo: "En mi puesto anterior como gerente de producto en ABC Tech, dirigí con éxito un equipo multifuncional para desarrollar y lanzar una aplicación móvil que aumentó la participación de los usuarios en un 30 % en seis meses. Mi capacidad para realizar investigaciones de mercado exhaustivas, combinada con mi competencia técnica, me permitió identificar los puntos débiles clave de los clientes y desarrollar funciones que mejoraron significativamente la retención de usuarios".
- Segundo párrafo: proporcione ejemplos específicos de sus logros. Utilice métricas para cuantificar su impacto.
- Ejemplo: "Uno de mis logros notables fue gestionar el desarrollo de una nueva

plataforma de comercio electrónico, que resultó en un aumento del 20% en las ventas online durante el primer trimestre. Al colaborar estrechamente con los equipos de ingeniería, diseño y marketing, me aseguré de que el proyecto se entregara a tiempo y cumpliera con todos los objetivos de rendimiento".
- Tercer párrafo: Explique por qué está particularmente interesado en esta empresa y cómo puede contribuir a su éxito.
- Ejemplo: "Estoy particularmente impresionado por el compromiso de Tech Innovations Inc. con la tecnología de vanguardia y el enfoque centrado en el cliente. Estoy ansioso por aportar mi experiencia en metodologías ágiles y diseño centrado en el usuario a su equipo para ayudarlo a impulsar el éxito de sus productos de próxima generación".

Conclusión

- Resuma su interés en el puesto y la empresa.
- Exprese entusiasmo por la oportunidad de discutir más a fondo su solicitud.
- Agradezca al gerente de contratación por su tiempo y consideración.
- Ejemplo: "Gracias por considerar mi solicitud. Me entusiasma la posibilidad de unirme a Tech Innovations Inc. y contribuir a sus proyectos innovadores. Espero tener la oportunidad de discutir cómo mis habilidades y experiencias se alinean con sus necesidades. No dude en ponerse en contacto conmigo lo antes posible".

Cierre y Firma

- Utilice un cierre profesional como "Atentamente" o "Saludos cordiales".
- Incluye tu nombre completo.

P.ej;

Atentamente,

Juan Pérez

Mostrando su idoneidad para el rol de PM

Su carta de presentación debe demostrar que comprende las necesidades de la empresa y que tiene las habilidades y la experiencia para satisfacerlas. A continuación se ofrecen algunos consejos:

Investigar la empresa

- Comprender los productos, la misión, los valores y los logros recientes de la empresa.
- Adapte su carta de presentación para reflejar este entendimiento y explique por qué está entusiasmado con la oportunidad.

Haga coincidir sus habilidades con la descripción del trabajo

- Resalte las habilidades y experiencias mencionadas en la descripción del trabajo.
- Utilice ejemplos específicos de sus funciones anteriores para mostrar cómo ha aplicado con éxito estas habilidades.

Demuestre sus habilidades para resolver problemas

- Los PM necesitan fuertes habilidades para resolver problemas. Resalte ejemplos en los que identificó un problema, desarrolló una solución y la implementó con éxito.
- Ejemplo: "En XYZ Corp, identifiqué que nuestro proceso de incorporación de usuarios estaba provocando una alta tasa de abandono. Encabecé un proyecto para rediseñar la experiencia de incorporación, lo que resultó en un aumento del 25 % en la retención de usuarios".

Muestre sus habilidades de liderazgo y colaboración

- Los PM deben trabajar eficazmente con equipos multifuncionales. Proporcione ejemplos de cómo ha liderado equipos y colaborado con diferentes departamentos.
- Ejemplo: "Dirigí un equipo de ingenieros, diseñadores y especialistas en marketing para lanzar una nueva función que aumentó la participación de los usuarios en un 40 %. Mi enfoque colaborativo garantizó que todas las partes interesadas estuvieran alineadas y que el proyecto se entregara con éxito".

Consejos para hacer que su carta de presentación se destaque

Sé conciso

- Mantenga su carta de presentación en una página. Sea claro y directo, evitando detalles innecesarios.

Utilice un tono profesional

- Mantenga un tono profesional durante toda la carta. Evite el lenguaje demasiado casual pero deje que su personalidad brille.

Corregir

- Asegúrese de que no haya errores gramaticales ni tipográficos. Una carta bien escrita refleja su atención al detalle.

Personaliza cada letra

- Adapte cada carta de presentación al trabajo y la empresa específicos. Evite utilizar una plantilla genérica para todas las aplicaciones.

Incluya un llamado a la acción

- Anime al gerente de contratación a dar el siguiente paso, ya sea programar una entrevista o comunicarse con usted para obtener más información.

Capítulo 6: Estrategias de networking

La creación de redes es un componente fundamental para conseguir un trabajo de gestión de productos (PM). Construir una red profesional sólida puede ayudarlo a obtener información sobre la industria, descubrir oportunidades laborales y recibir valiosos consejos y tutoría.

Comprender la importancia de la creación de redes

La creación de redes es más que simplemente hacer conexiones; se trata de construir relaciones que puedan respaldar el crecimiento de su carrera. Para los PM, la creación de redes puede proporcionar:

Acceso a oportunidades laborales ocultas

- Muchos puestos de PM se cubren a través de referencias y recomendaciones internas. La creación de redes puede ayudarle a aprovechar estos mercados laborales ocultos.

Perspectivas y tendencias de la industria

- Mantenerse conectado con profesionales de la industria le permite mantenerse al tanto de las últimas tendencias, tecnologías y mejores prácticas en la gestión de productos.

Tutoría y orientación

- Los PM experimentados pueden ofrecerle valiosos consejos, compartir sus experiencias y guiarlo en su progresión profesional.

Desarrollo profesional

- La creación de redes puede abrir puertas a conferencias, paneles de discusión y oportunidades para contribuir a publicaciones de la industria, mejorando su perfil profesional.

Construyendo su red profesional

Aquí hay varias estrategias para construir y expandir efectivamente su red profesional:

Aprovecha LinkedIn

- Optimice su perfil: asegúrese de que su perfil de LinkedIn esté completo, actualizado y destaque sus habilidades y logros como PM.
- Conéctese con profesionales de la industria: envíe solicitudes de conexión personalizadas a PM, reclutadores y otros profesionales relevantes.
- Interactúe con el contenido: comparta artículos, comente publicaciones y

participe en debates para aumentar su visibilidad y demostrar su experiencia.

Asista a eventos y conferencias de la industria

- Conferencias sobre gestión de productos: eventos como Mind the Product, ProductCamp y conferencias específicas de la industria ofrecen excelentes oportunidades para establecer contactos.
- Talleres y reuniones: participe en reuniones y talleres de PM locales o virtuales para conectarse con profesionales de ideas afines.

Únase a asociaciones y grupos profesionales

- Asociaciones industriales: organizaciones como la Asociación de Gestión y Desarrollo de Productos (PDMA) ofrecen eventos de networking, recursos y oportunidades de desarrollo profesional.
- Comunidades en línea: únase a foros en línea, grupos de Slack y grupos de redes

sociales centrados en la gestión de productos.

Participar en entrevistas informativas

- Solicite entrevistas informativas: comuníquese con los PM de las empresas que le interesan y solicite entrevistas informativas breves para conocer sus experiencias y puntos de vista.
- Prepare preguntas reflexivas: pregunte sobre su trayectoria profesional, los desafíos que enfrentan y los consejos para alguien que desee ingresar a este campo.

Participe en seminarios web y cursos en línea

- Seminarios web: asista a seminarios web organizados por líderes de la industria para aprender y establecer contactos con participantes y oradores.
- Cursos en línea: inscríbase en cursos de PM que ofrecen componentes de

networking, como proyectos grupales o foros de discusión.

Voluntario para eventos e iniciativas de PM

- Oportunidades de voluntariado: ofrézcase para ayudar a organizar o apoyar eventos, reuniones o conferencias de PM. Esto puede proporcionar acceso detrás de escena y ayudarlo a construir conexiones sólidas.

Nutrir y mantener su red

Construir una red es sólo el comienzo; Mantener y fomentar estas relaciones es crucial. Así es cómo:

Haga un seguimiento y manténgase en contacto

- Controles periódicos: comuníquese periódicamente con sus contactos para ponerse al día y mantener la relación.

Comparta actualizaciones sobre su carrera y pregunte sobre sus proyectos recientes.
- Envíe notas de agradecimiento: después de conocer a alguien nuevo o recibir ayuda, envíe una nota de agradecimiento para expresar su agradecimiento.

Ofrezca ayuda y agregue valor

- Sea un recurso: comparta artículos útiles, ofertas de trabajo y conocimientos de la industria con su red.
- Apoye a otros: ofrezca asistencia cuando pueda, ya sea haciendo una presentación, brindando comentarios u ofreciendo consejos.

Participar en las redes sociales

- Interactúe con el contenido: dé me gusta, comente y comparta publicaciones de sus contactos para mantenerse visible y comprometido.

- Cree y comparta su propio contenido: establezcase como un líder intelectual compartiendo sus propios conocimientos y experiencias.

Asista a eventos de networking con regularidad

- Participación constante: adquiera el hábito de asistir a eventos y reuniones de la industria con regularidad para seguir ampliando su red y mantenerse conectado.

Únase y contribuya a grupos de pares

- Grupos de responsabilidad: únase o forme pequeños grupos de pares que se reúnan periódicamente para discutir objetivos, desafíos y progreso en sus carreras.
- Círculos de mentoría: participe u organice círculos de mentoría donde pueda dar y recibir orientación.

Networking para introvertidos

Hacer networking puede resultar desalentador, especialmente para los introvertidos. A continuación se ofrecen algunos consejos para hacerlo más manejable:

Prepárese con anticipación

- Establezca objetivos: identifique objetivos específicos para cada evento de networking, como conocer a una cierta cantidad de personas o conectarse con alguien en un rol específico.
- Practica tu discurso: prepara una breve introducción sobre ti y lo que buscas en tu carrera.

Empieza pequeño

- Comience con reuniones individuales: si los eventos grandes son abrumadores, comience programando charlas individuales para tomar café o entrevistas informativas.

- Utilice plataformas en línea: participe en redes en línea donde pueda tomarse su tiempo para elaborar respuestas bien pensadas.

Aprovechar las habilidades de escucha

- Haga preguntas abiertas: anime a otros a hablar sobre ellos mismos y sus experiencias. Esto puede aliviarle la presión y ayudarlo a construir conexiones más profundas.

Seguimiento después de los eventos

- Envíe mensajes personalizados: después de conocer a alguien nuevo, envíe un mensaje de seguimiento personalizado para continuar la conversación y expresar su interés en mantenerse conectado.

Parte 3: El proceso de solicitud

Capítulo 7: Encontrar oportunidades laborales de PM

Conseguir un puesto de gestión de productos (PM) requiere un enfoque proactivo en la búsqueda de empleo. Comprender dónde buscar y cómo posicionarse de manera efectiva puede aumentar significativamente sus posibilidades de conseguir el puesto que desea.

Utilizando Bolsas de trabajo y sitios web de empresas

Principales bolsas de trabajo

- LinkedIn: aproveche la función de búsqueda de empleo de LinkedIn para encontrar puestos de PM. Configure

alertas de empleo para recibir notificaciones sobre nuevas publicaciones. Participe en grupos de LinkedIn relacionados con la gestión de productos para mantenerse informado.
- De hecho: utilice filtros para limitar su búsqueda a puestos de PM en industrias o ubicaciones específicas. Actualice periódicamente su currículum en la plataforma para atraer reclutadores.
- Glassdoor: consulte reseñas de empresas e información salarial para identificar empleadores potenciales y comprender sus tendencias de contratación.

Bolsas de trabajo especializadas

- AngelList: se centra en nuevas empresas y empresas de tecnología y ofrece numerosas oportunidades de gestión de proyectos.
- ProductHired: Dedicado a trabajos de gestión de productos, brindando una

amplia gama de listados desde nivel inicial hasta puestos superiores.
- HackerRank: si bien es principalmente una plataforma para roles técnicos, también enumera trabajos de PM, especialmente aquellos que requieren habilidades técnicas.

Páginas de carrera de la empresa

- Aplicaciones específicas: identifique las empresas que le interesan y consulte periódicamente sus páginas de empleo para conocer las vacantes de PM.
- Únase a grupos de talentos: muchas empresas ofrecen la opción de unirse a su grupo de talentos, lo que puede generar notificaciones sobre vacantes relevantes.

Establecimiento de contactos y referencias

Aproveche su red existente

- Comuníquese con sus contactos: informe a su red que está buscando oportunidades de PM. Es posible que las personas de su red conozcan vacantes no anunciadas o puedan recomendarlo internamente.
- Redes de antiguos alumnos: conéctese con antiguos alumnos de su universidad que trabajan en gestión de productos o campos relacionados.

Asista a eventos de la industria

- Conferencias y reuniones: eventos como ProductCamp, Mind the Product y reuniones locales de PM ofrecen oportunidades para establecer contactos y, a menudo, cuentan con bolsas de trabajo o sesiones de reclutamiento.
- Seminarios web y talleres: participe en eventos en línea donde podrá interactuar con líderes y profesionales de la industria.

Comunidades en línea

- Grupos de redes sociales: únase a grupos de LinkedIn, canales de Slack y foros dedicados a la gestión de productos. Participe en debates y comparta sus objetivos de búsqueda de empleo.
- Asociaciones profesionales: conviértase en miembro de organizaciones como la Asociación de Gestión y Desarrollo de Productos (PDMA) para acceder a bolsas de trabajo exclusivas y eventos de networking.

Aprovechamiento de las agencias de contratación

Reclutadores especializados

- Agencias centradas en PM: trabaje con agencias de contratación que se especialicen en colocar gerentes de producto. Estas agencias tienen fuertes

conexiones con empresas que buscan talentos de PM.
- Reclutadores de tecnología: interactúe con reclutadores centrados en la tecnología que a menudo tienen funciones de PM entre sus listados.

Cazadores de cabezas

- Empresas de búsqueda de ejecutivos: para puestos de PM senior, las empresas de búsqueda de ejecutivos (cazatalentos) pueden ser particularmente efectivas para encontrar oportunidades de alto nivel.

Mejorando su presencia en línea

Cree un perfil de LinkedIn sólido

- Optimice su perfil: asegúrese de que su perfil de LinkedIn esté completo y muestre sus habilidades, experiencias y logros como PM.

- Publique con regularidad: comparta conocimientos de la industria, artículos y su propio contenido para establecerse como un líder intelectual en la gestión de productos.

Sitio web personal o portafolio

- Muestre su trabajo: cree un sitio web personal o un portafolio en línea para mostrar sus proyectos, estudios de casos y logros en la gestión de productos.
- Incluya testimonios: agregue recomendaciones de colegas, gerentes y partes interesadas para generar credibilidad.

Participar en debates en línea

- Blogs y foros de gestión de productos: contribuya a debates en plataformas como Medium, Quora y foros especializados en PM. Esto puede ayudarle a generar visibilidad y conectarse con otros profesionales.

Solicitud directa y seguimiento

Aplicaciones personalizadas

- Personalice su currículum y carta de presentación: adapte su currículum y carta de presentación para cada solicitud, destacando las habilidades y experiencias más relevantes para el puesto específico.
- Resalte los logros: céntrese en logros cuantificables que demuestren su impacto como PM.

Hacer un seguimiento

- Después de la solicitud: después de enviar su solicitud, envíe un correo electrónico al reclutador o gerente de contratación para expresar su continuo interés.
- Seguimiento de networking: si conoció a alguien en un evento o a través de

networking, haga un seguimiento con un mensaje personalizado para reforzar su conexión y preguntar sobre oportunidades.

Aprovechar el trabajo independiente y por contrato

Plataformas independientes

- Upwork y Freelancer: explore plataformas independientes donde las empresas publican proyectos de PM a corto plazo. Esto puede generar oportunidades a más largo plazo o puestos de tiempo completo.
- Toptal: únase a plataformas que conectan a los mejores autónomos con empresas que buscan habilidades especializadas, incluida la gestión de productos.

Trabajo por contrato

- Contratos temporales: considere la posibilidad de contratar funciones de PM, que pueden proporcionar una experiencia valiosa y potencialmente conducir a puestos permanentes.
- Proyectos de consultoría: ofrezca su experiencia en PM a modo de consultoría a empresas que necesiten ayuda temporal o basada en proyectos.

Mantenerse actualizado con las tendencias de la industria

Aprendizaje continuo

- Cursos y certificaciones en línea: inscríbase en cursos y obtenga certificaciones en gestión de productos, metodologías ágiles y áreas relacionadas para mejorar sus habilidades y comerciabilidad.

- Lectura e investigación: manténgase actualizado con las últimas tendencias, tecnologías y mejores prácticas leyendo blogs, libros y publicaciones de la industria.

Desarrollo profesional

- Talleres y seminarios: asista a talleres y seminarios para desarrollar continuamente sus habilidades y conocimientos.
- Programas de tutoría: busque tutoría de PM experimentados para obtener información y consejos sobre cómo navegar su carrera.

Capítulo 8: Envío de su solicitud

Enviar su solicitud de empleo es un paso crucial en el proceso de búsqueda de empleo. Este capítulo cubre las mejores prácticas para preparar y enviar una solicitud convincente que capte la atención de los reclutadores y gerentes de contratación, brindándole la mejor oportunidad de conseguir una entrevista para un puesto de gestión de productos (PM).

Preparación de los materiales de su solicitud
Antes de enviar su solicitud, asegúrese de que todos sus materiales estén pulidos y adaptados al puesto específico que está solicitando.

Reanudar

- Adapte su currículum: personalice su currículum para cada solicitud destacando

experiencias y habilidades relevantes que coincidan con la descripción del trabajo. Utilice palabras clave de la oferta de trabajo para aprobar los Sistemas de seguimiento de candidatos (ATS).
- Concéntrese en los logros: enfatice sus logros con métricas cuantificables. Por ejemplo, "Aumenté la participación de los usuarios en un 30 %" o "Lancé un nuevo producto que generó 1 millón de dólares en ingresos durante el primer año".
- Corrección: asegúrese de que su currículum esté libre de errores gramaticales y tipográficos. Un currículum limpio y bien formateado refleja su atención al detalle.

Carta de presentación

- Personalice su carta: diríjase al gerente de contratación por su nombre y adapte el contenido a la empresa y función específicas. Mencione por qué está interesado en el puesto y cómo sus

habilidades se alinean con las necesidades de la empresa.
- Resalte experiencias clave: utilice la carta de presentación para ampliar sus experiencias más relevantes, brindando contexto y ejemplos que muestren sus calificaciones.
- Muestre entusiasmo: transmita su entusiasmo por la oportunidad y la empresa. Una carta de presentación apasionada puede hacerte destacar.

Documentos adicionales

- Portafolio: si corresponde, incluya un enlace a su portafolio o sitio web personal donde muestre sus proyectos, estudios de casos y otros trabajos relevantes.
- Referencias: prepare una lista de referencias profesionales que puedan avalar sus habilidades y experiencias. Incluya sus nombres, títulos, información de contacto y su relación con ellos.

Enviar su solicitud

Una vez que los materiales de su solicitud estén listos, siga estas mejores prácticas para enviarlos de manera efectiva:

Seguir instrucciones

- Lea atentamente la publicación de empleo: asegúrese de comprender las instrucciones de la solicitud y envíe todos los documentos requeridos. Algunas ofertas de trabajo pueden requerir un formato específico o información adicional.
- Asigne un nombre adecuado a sus archivos: utilice nombres de archivo claros y profesionales para sus documentos, como "John_Doe_Resume.pdf" y "John_Doe_Cover_Letter.pdf".

Utilice el método de envío preferido

- Solicitudes en línea: envíe su solicitud a través del portal de empleo de la empresa o la bolsa de trabajo donde figura el puesto. Asegúrese de completar todos los campos obligatorios y cargar sus documentos correctamente.
- Solicitudes por correo electrónico: si la oferta de trabajo solicita envíos por correo electrónico, siga estas pautas:
- Línea de asunto: utilice una línea de asunto clara, como "Solicitud para el puesto de gerente de producto: John Doe".
- Cuerpo del correo electrónico: Escribe un mensaje breve y profesional presentándote e indicando que has adjuntado tu currículum y carta de presentación.
- Archivos adjuntos: adjunte sus documentos en el formato solicitado (por ejemplo, PDF) y verifique que estén adjuntos correctamente.

Personalice su correo electrónico (si corresponde)

- Dirígete al gerente de contratación: si conoces el nombre del gerente de contratación, dirígete a él directamente en tu correo electrónico. Esto demuestra que has investigado y añade un toque personal.
- Breve introducción: escriba una introducción concisa, que resuma su interés en el puesto y mencione los puntos clave que lo conviertan en un candidato sólido.

Revisar y verificar dos veces

- Revise su solicitud: antes de presionar enviar, revise su solicitud por última vez para asegurarse de que todo sea preciso y completo.
- Verifique los archivos adjuntos: asegúrese de que todos los documentos requeridos estén adjuntos y que se abran correctamente.

Seguimiento después del envío

Dar seguimiento a su solicitud puede demostrar su entusiasmo y perseverancia, pero es importante hacerlo de manera profesional.

Momento

- Espere un período razonable: espere entre una y dos semanas después de enviar su solicitud antes de realizar un seguimiento. Esto le da tiempo al empleador para revisar sus materiales.

Método de seguimiento

- Seguimiento por correo electrónico: envíe un correo electrónico de seguimiento cortés al gerente de contratación o al reclutador. Si su información de contacto no está disponible, puede hacer seguimiento a través del correo electrónico de contacto general de la empresa o LinkedIn.

Ejemplo de correo electrónico de seguimiento:

Asunto: Seguimiento de la Solicitud de Gerente de Producto

Estimado [nombre del gerente de contratación],

Espero que este mensaje te encuentre bien. Recientemente envié mi solicitud para el puesto de Gerente de Producto en [Nombre de la empresa] y quería hacer un seguimiento para expresar mi continuo interés en el puesto.

Estoy muy entusiasmado con la oportunidad de unirme a su equipo y contribuir a los proyectos innovadores de [Nombre de la empresa]. Si hay alguna información adicional que pueda proporcionar o si necesita más detalles sobre mi solicitud, hágamelo saber.

Gracias por considerar mi aplicación. Espero tener la posibilidad de discutir cómo mis antecedentes, habilidades y experiencias se alinean con las necesidades de su equipo.

Atentamente,
[Su nombre]

Seguimiento de LinkedIn

- Conéctese en LinkedIn: si aún no lo ha hecho, conéctese con el gerente de contratación o el reclutador en LinkedIn. Envíe una solicitud de conexión personalizada mencionando su solicitud.

Ejemplo de mensaje de LinkedIn:

Hola [Nombre del gerente de contratación],

Recientemente solicité el puesto de Gerente de Producto en [Nombre de la empresa] y quería conectarme para expresar mi entusiasmo por la oportunidad. Creo que mi experiencia en [experiencia o habilidad específica] sería ideal para su equipo.

Espero tener la posibilidad de discutir más a fondo mi solicitud.

DESCRIBIENDO EL CÓDIGO PM

Atentamente,
[Su nombre]

Parte 4: Preparación para las entrevistas

DESCRIBIENDO EL CÓDIGO PM

Capítulo 9: Tipos de entrevistas de PM

Las entrevistas de gestión de productos (PM) suelen consistir en varios tipos de evaluaciones diseñadas para evaluar sus habilidades, experiencias y su idoneidad para el puesto. Comprender los diferentes tipos de entrevistas de PM y qué esperar puede ayudarlo a prepararse de manera efectiva y aumentar sus posibilidades de éxito.

1. Entrevistas conductuales
Objetivo: Las entrevistas conductuales evalúan sus experiencias y comportamientos pasados para predecir su desempeño futuro en un rol de PM.

Formato:

- Preguntas: se le pedirá que proporcione ejemplos específicos de situaciones que haya encontrado en sus funciones anteriores, como manejar conflictos, tomar decisiones bajo presión o liderar un equipo.
- Método STAR: estructure sus respuestas utilizando el marco de Situación, Tarea, Acción y Resultado (STAR) para proporcionar respuestas concisas y estructuradas.

Pregunta de ejemplo: "Hábleme de un momento en el que tuvo que priorizar varios proyectos competitivos con plazos ajustados. ¿Cómo abordó la situación y cuál fue el resultado?

2. Entrevistas de casos
Objetivo: Las entrevistas de casos evalúan sus habilidades analíticas, de resolución de problemas y de toma de decisiones presentándole un problema o escenario empresarial hipotético.

Formato:

- Estudio de caso: se le presentará un caso de negocio relacionado con la gestión de productos, como lanzar un nuevo producto, ingresar a un nuevo mercado o abordar un problema específico de un usuario.
- Análisis: deberá analizar el caso, identificar cuestiones clave, proponer soluciones y justificar sus recomendaciones.
- Discusión interactiva: espere entablar un diálogo con el entrevistador, quien puede cuestionar sus suposiciones o hacer preguntas de seguimiento.

Escenario de ejemplo: "Tiene la tarea de mejorar la tasa de retención de usuarios para una aplicación móvil. ¿Cómo abordaría este problema y qué estrategias implementaría?

3. Entrevistas sobre el sentido del producto

Objetivo: Las entrevistas sobre el sentido del producto evalúan su comprensión de los principios de gestión de productos, su capacidad para pensar críticamente sobre las decisiones sobre los productos y su intuición sobre el producto.

Formato:

- Preguntas sobre diseño de producto: se le presentará una idea de producto o función y se le pedirá que lo diseñe o mejore. Esto puede implicar discutir las necesidades del usuario, definir características, estructurar o priorizar mejoras.
- Discusión estratégica: es posible que se le solicite que analice la estrategia del producto, el posicionamiento en el mercado, el análisis competitivo o las tácticas de crecimiento para un producto o mercado determinado.

Pregunta de ejemplo: "¿Cómo diseñaría una función para mejorar la participación en una plataforma de redes sociales para adultos jóvenes?"

4. Entrevistas Técnicas (Opcional)

Objetivo: Las entrevistas técnicas evalúan su comprensión de los conceptos técnicos relevantes para la gestión de productos, particularmente en industrias orientadas a la tecnología.

Formato:

- Preguntas técnicas: es posible que se le solicite que resuelva problemas técnicos relacionados con el desarrollo de software, el análisis de datos o la arquitectura del sistema.
- Ejercicios de codificación: algunas empresas pueden exigirle que complete ejercicios de codificación o analice fragmentos de código para demostrar su competencia técnica.
- Alineación de productos y tecnología: la atención se centra en evaluar su capacidad

para cerrar la brecha entre los requisitos del producto y la implementación técnica.

Pregunta de ejemplo: "¿Cómo priorizaría las solicitudes de funciones de las partes interesadas con diferente complejidad técnica?"

5. Entrevistas de liderazgo y colaboración
Objetivo: Las entrevistas de liderazgo y colaboración evalúan su capacidad para liderar equipos multifuncionales, influir en las partes interesadas y trabajar de forma eficaz en un entorno colaborativo.

Formato:

- Escenarios de juego de roles: es posible que se le solicite que simule interacciones con miembros del equipo, partes interesadas o clientes para demostrar sus habilidades de comunicación y liderazgo.
- Dinámica de equipo: espere preguntas sobre su experiencia trabajando en

equipos multifuncionales, resolviendo conflictos e impulsando el consenso.
- Gestión de partes interesadas: puede analizar cómo ha gestionado las relaciones con las partes interesadas internas y externas para lograr los objetivos del producto.

Escenario de ejemplo: "Estás liderando un proyecto con plazos ajustados y prioridades contradictorias de diferentes departamentos. ¿Cómo afrontaría esta situación y garantizaría el éxito del proyecto?

6.Entrevistas de ajuste cultural
Objetivo: Las entrevistas de adaptación cultural evalúan su alineación con los valores, la cultura y la dinámica del equipo de la empresa.

Formato:

- Preguntas de comportamiento: al igual que en las entrevistas de comportamiento, se le preguntará sobre experiencias

pasadas, pero centrándose en cómo demuestran su alineación con la cultura de la empresa.
- Alineación de valores: espere preguntas sobre sus valores personales, ética laboral y enfoque del trabajo en equipo y la colaboración.
- Ajuste de la empresa: el entrevistador puede sondear su interés en la empresa, su misión y sus productos para evaluar su entusiasmo y ajuste.

Pregunta de ejemplo: "¿Puede compartir un ejemplo de un momento en el que ejemplificó uno de los valores de nuestra empresa en su trabajo anterior?"

Capítulo 10: Preguntas comunes de la entrevista de PM

Prepararse para una entrevista de gestión de productos (PM) implica anticipar y practicar respuestas a una amplia gama de preguntas. Si bien las preguntas de la entrevista pueden variar según la empresa, el puesto y las preferencias del entrevistador, ciertos temas y tipos de preguntas se encuentran comúnmente en las entrevistas de PM.

1. Antecedentes y experiencia
   - Guíame a través de tu currículum: proporciona una breve descripción de tu experiencia profesional, destacando experiencias y logros relevantes.
   - ¿Por qué elegiste una carrera en gestión de productos?

- Describa un proyecto que dirigió desde el inicio hasta el lanzamiento: analice su función, los desafíos que enfrentó y los resultados obtenidos.

2. Sentido y estrategia del producto
    - ¿Cómo se priorizan las funciones en la hoja de ruta de un producto?
    - ¿Puedes describir un producto que admires? ¿Qué lo hace exitoso?
    - ¿Cómo abordaría mejorar la participación de los usuarios en nuestra plataforma?
    - ¿Qué métricas utilizaría para medir el éxito de una característica del producto?
    - ¿Cómo se mantiene actualizado sobre las tendencias de la industria y las necesidades de los clientes?

3. Habilidades analíticas y de resolución de problemas
    - ¿Cómo abordaría la solución de un problema complejo con información limitada?

- ¿Puede explicarme su proceso de toma de decisiones cuando se enfrenta a prioridades en competencia?
- Describe un momento en el que tuviste que tomar una decisión difícil. ¿Cómo lo abordaste?
- ¿Cómo abordaría una caída repentina en la participación de los usuarios en un producto que administra?

4. Liderazgo y colaboración
    - Hábleme de un momento en el que tuvo que influir en las partes interesadas con puntos de vista opuestos.
    - ¿Cómo se fomenta la colaboración y la alineación entre equipos multifuncionales?
    - Describe un proyecto exitoso en el que lideraste un equipo para lograr una meta desafiante.
    - ¿Puede darnos un ejemplo de un momento en el que resolvió con éxito un conflicto dentro de un equipo?

5. Diseño de producto y experiencia de usuario
   - ¿Cómo diseñaría una función para abordar un problema específico del usuario?
   - ¿Qué factores consideraría al diseñar la experiencia de incorporación de un nuevo producto?
   - ¿Puedes criticar la interfaz de usuario de un producto y sugerir mejoras?

6. Preguntas técnicas y analíticas (varía según la empresa y la función)
   - Explique cómo utilizaría los datos para priorizar las características del producto.
   - ¿Qué piensas sobre las pruebas A/B y cuándo las usarías?
   - ¿Cómo abordaría la creación de un sistema de recomendación para nuestra plataforma?

7. Preguntas de comportamiento y situacionales
   - Háblame de un momento en el que tuviste que adaptarte a un cambio significativo en el alcance del proyecto.

- Describe un proyecto en el que encontraste desafíos inesperados. ¿Cómo los superaste?
- ¿Puedes compartir un ejemplo de un momento en el que fracasaste y qué aprendiste de ello?

8. Preguntas específicas de la empresa y la industria
- ¿Por qué quieres trabajar en nuestra empresa?
- ¿Cómo cree que se podría mejorar nuestro producto/servicio?
- ¿Qué crees que nos diferencia de nuestros competidores?

Consejos para responder las preguntas de la entrevista de PM

- Utilice el método STAR: estructure sus respuestas utilizando el marco de situación, tarea, acción y resultado

(STAR) para preguntas de comportamiento.
- Sea específico: proporcione ejemplos concretos y cuantifique sus logros siempre que sea posible.
- Demuestre habilidades para resolver problemas: demuestre su capacidad para analizar problemas, desarrollar soluciones y tomar decisiones basadas en datos.
- Muestre la visión del producto: articule la visión de su producto y demuestre su comprensión de las necesidades de los usuarios, las tendencias del mercado y el panorama competitivo.
- Resalte la colaboración y el liderazgo: enfatice su experiencia trabajando en equipos multifuncionales, liderando proyectos e influyendo en las partes interesadas.

Capítulo 11: Preparación de estudios de caso para entrevistas de PM

Las entrevistas de estudio de casos son un componente común de las entrevistas de gestión de productos (PM), particularmente en empresas de tecnología y firmas de consultoría. Estas entrevistas evalúan sus habilidades para resolver problemas, habilidades analíticas y pensamiento estratégico en escenarios del mundo real.

Comprender el propósito de las entrevistas de estudio de caso

Habilidades para resolver problemas: los estudios de casos evalúan su capacidad para identificar cuestiones clave, analizar problemas complejos y desarrollar soluciones prácticas.

Pensamiento analítico: se espera que aplique marcos analíticos, técnicas de análisis de datos y razonamiento lógico para abordar el problema del caso.

Comunicación y presentación: articule su proceso de pensamiento con claridad, presente sus hallazgos de manera persuasiva y entable un diálogo constructivo con el entrevistador.

Pasos para prepararse para las entrevistas de estudio de caso

Familiarícese con los formatos de estudios de casos

- Dimensionamiento del mercado: practique la estimación del tamaño del mercado, la participación de mercado y las tasas de crecimiento de productos o servicios en diversas industrias.

- Estrategia empresarial: analice estudios de casos que requieran que usted desarrolle estrategias comerciales, planes de entrada al mercado o análisis competitivos.
- Diseño de producto: practique el diseño de características del producto, priorización de requisitos y evaluación de consideraciones sobre la experiencia del usuario.

Desarrollar marcos de resolución de problemas

- Análisis FODA: utilice el marco de fortalezas, debilidades, oportunidades y amenazas para evaluar los factores internos y externos que afectan una empresa.
- Las cinco fuerzas de Porter: Analizar la competitividad de la industria considerando factores como el poder de negociación de compradores y proveedores, la amenaza de nuevos participantes y la rivalidad competitiva.

- Análisis del ciclo de vida del producto: evalúe la etapa del ciclo de vida del producto y recomiende estrategias apropiadas para las fases de crecimiento, madurez o declive.

Practique la resolución estructurada de problemas

- Divida el problema: descomponga los problemas complejos en componentes manejables y priorice áreas de análisis.
- Plantee hipótesis y pruebe: desarrolle hipótesis basadas en la información disponible, recopile datos relevantes para validar o invalidar suposiciones y refine su enfoque en consecuencia.
- Sintetizar conocimientos: extraiga conocimientos del análisis de datos, identifique patrones o tendencias y sintetice hallazgos para desarrollar recomendaciones prácticas.

Mejorar las habilidades analíticas

- Análisis cuantitativo: practique aritmética básica, estadística y análisis financiero para interpretar datos y sacar conclusiones significativas.
- Interpretación de datos: familiarícese con la interpretación de gráficos, cuadros y tablas comúnmente utilizados en estudios de casos.
- Dominio de Excel: mejore su dominio de Excel para la manipulación, el análisis y la visualización de datos.

Simular escenarios de estudios de casos

- Entrevistas simuladas: asóciese con un amigo, mentor o compañero para realizar entrevistas simuladas de estudios de casos. Practique presentando sus soluciones y recibiendo comentarios.
- Recursos en línea: utilice recursos de estudios de casos disponibles en línea, incluidas plataformas como

CaseInterview.com, PrepLounge y Case in Point.

Cómo abordar las entrevistas de estudios de caso

Aclare el objetivo: comience por comprender el planteamiento del problema, aclarar cualquier ambigüedad con el entrevistador y definir el alcance de su análisis.

Estructura tu enfoque: organiza tus pensamientos y describe un enfoque estructurado para resolver el caso. Comunique su marco al entrevistador antes de sumergirse en el análisis.

Recopile información: haga preguntas relevantes para recopilar información adicional, identificar puntos de datos clave y validar suposiciones.

Analizar los datos: aplicar técnicas, marcos y herramientas analíticos apropiados para analizar los datos y obtener conocimientos. Cuantifique su análisis siempre que sea posible.

Desarrollar recomendaciones: basándose en su análisis, desarrolle recomendaciones prácticas que aborden los problemas centrales identificados en el caso. Priorizar las recomendaciones en función de la viabilidad, el impacto y la alineación estratégica.

Presente sus hallazgos: comunique claramente sus hallazgos, ideas y recomendaciones de manera estructurada y persuasiva. Participar en un diálogo con el entrevistador, abordando cualquier pregunta o inquietud que surja.

Consejos para el éxito

Practique la escucha activa: preste mucha atención a las indicaciones del caso y a cualquier información proporcionada por el entrevistador. Aclare su comprensión del problema antes de continuar.

Sea estructurado y lógico: organice su análisis en marcos lógicos y claros. Presente sus hallazgos de manera estructurada, utilizando títulos y viñetas para mejorar la claridad.

Piense en voz alta: articule su proceso de pensamiento mientras trabaja en el caso. Explique el fundamento de cada paso, permitiendo que el entrevistador siga su pensamiento.

Mantenga la calma y la confianza: aborde el estudio de caso con confianza, pero sea flexible en su enfoque. Mantén la calma bajo presión y adapta tu estrategia según sea necesario.

Practique la gestión del tiempo: asigne su tiempo de forma eficaz, equilibrando un análisis exhaustivo con una toma de decisiones eficiente. Priorice las áreas de mayor impacto para el análisis para maximizar su eficiencia.

Capítulo 12: Preguntas sobre estrategia y diseño de productos en entrevistas de PM

Las preguntas sobre estrategia y diseño de productos son componentes cruciales de las entrevistas de gestión de productos (PM), que evalúan su capacidad para conceptualizar, planificar y ejecutar iniciativas de productos exitosas. Estas preguntas evalúan su intuición sobre el producto, su pensamiento estratégico y su comprensión de las necesidades de los usuarios.

Comprender las entrevistas de estrategia y diseño de productos

Visión del producto: Articular una visión convincente del producto, alineada con los objetivos de la empresa, las necesidades de los usuarios y las tendencias del mercado.

Enfoque centrado en el usuario: priorice las necesidades y preferencias del usuario, incorporando comentarios de los usuarios y consideraciones de usabilidad en las decisiones de diseño del producto.

Pensamiento estratégico: desarrollar una estrategia de producto integral que aborde las oportunidades de mercado, las amenazas competitivas y los objetivos de crecimiento a largo plazo.

Tipos de preguntas sobre estrategia y diseño de productos

Priorización de funciones:

- Pregunta: "¿Cómo priorizaría las funciones de una nueva aplicación móvil destinada a aumentar la participación del usuario?"
- Enfoque: identificar las necesidades clave de los usuarios, realizar investigaciones de mercado, priorizar las funciones en función del impacto en el usuario, la viabilidad técnica y el valor comercial.

Hoja de ruta del producto:

- Pregunta: "Describa una hoja de ruta de producto para una plataforma de software basada en suscripción dirigida a pequeñas empresas".
- Enfoque: defina los hitos del producto, priorice los lanzamientos de funciones, asigne recursos y planifique la escalabilidad y la iteración.

Diseño de experiencia de usuario (UX):

- Pregunta: "¿Cómo diseñaría la experiencia de incorporación para una aplicación de productividad dirigida a equipos remotos?"
- Enfoque: planifique el recorrido del usuario, identifique puntos débiles y áreas de fricción, diseñe interfaces intuitivas y garantice un proceso de incorporación perfecto.

Estrategia de entrada al mercado:

- Pregunta: "Están lanzando una nueva plataforma de comercio electrónico en un mercado competitivo. ¿Cómo diferenciarías tu producto y adquirirías clientes?
- Enfoque: realizar análisis de mercado, identificar propuestas de valor únicas, definir segmentos de clientes objetivo e idear estrategias de adquisición y retención.

Análisis competitivo:

- Pregunta: "Compare y contraste las fortalezas y debilidades de nuestro producto con nuestro principal competidor".
- Enfoque: Analizar las características del producto, las estrategias de precios, el posicionamiento en el mercado, los comentarios de los clientes y la participación de mercado para identificar ventajas competitivas y áreas de mejora.

Estrategia de Monetización:

- Pregunta: "¿Cómo monetizarías una aplicación de juego móvil gratuita con una gran base de usuarios?"
- Enfoque: evaluar varios modelos de monetización (por ejemplo, compras dentro de la aplicación, anuncios, suscripciones), considerar las implicaciones de participación y retención del usuario y desarrollar una estrategia de optimización de ingresos.

Consejos para abordar cuestiones de estrategia y diseño de productos

Comprenda las necesidades de los usuarios: dé prioridad a la investigación y los comentarios de los usuarios para informar las decisiones sobre productos y garantizar un diseño centrado en el usuario.

Piense estratégicamente: considere las implicaciones a largo plazo, la dinámica del mercado y el panorama competitivo al desarrollar estrategias de productos.

Cuantificar el impacto: utilice métricas basadas en datos para justificar decisiones de productos y medir el éxito de las iniciativas de productos.

Comuníquese de manera efectiva: articule claramente sus ideas, fundamentos y recomendaciones, utilizando ayudas visuales si es necesario para mejorar la claridad.

Sea creativo: piense de manera innovadora y proponga soluciones innovadoras que diferencien su producto e impulsen valor para los usuarios y la empresa.

Practique la resolución de problemas: participe periódicamente en ejercicios de diseño de productos, entrevistas simuladas y estudios de casos para perfeccionar sus habilidades estratégicas y de diseño de productos.

Capítulo 13: Conocimientos técnicos para entrevistas de PM

El conocimiento técnico es cada vez más importante para los gerentes de producto (PM), especialmente en industrias impulsadas por la tecnología. Si bien los PM no suelen escribir código ni realizar tareas técnicas profundas, necesitan una comprensión sólida de los conceptos técnicos para colaborar de manera efectiva con los equipos de ingeniería, tomar decisiones informadas e impulsar la innovación de productos.

Comprender el papel del conocimiento técnico en la gestión de productos

Colaboración efectiva: los PM deben cerrar la brecha entre los equipos técnicos (por ejemplo, ingeniería, diseño) y las partes interesadas no técnicas (por ejemplo, marketing, ventas). Comprender los conceptos técnicos facilita una comunicación y alineación claras.

Toma de decisiones informada: los gestores de proyectos a menudo necesitan evaluar compensaciones técnicas, evaluar la viabilidad y tomar decisiones basadas en datos. Una base técnica sólida permite a los gestores de proyectos evaluar riesgos, priorizar funciones y establecer expectativas realistas.

Innovación y resolución de problemas: el conocimiento técnico permite a los PM identificar oportunidades de innovación, anticipar tendencias del mercado y proponer soluciones creativas a problemas complejos.

Conceptos técnicos básicos para entrevistas de PM

Ciclo de vida de desarrollo de software (SDLC): comprenda las etapas del desarrollo de software, incluida la ideación, el diseño, el desarrollo, las pruebas, la implementación y el mantenimiento.

Metodologías ágiles: familiarícese con los marcos ágiles (por ejemplo, Scrum, Kanban) y prácticas como historias de usuarios, sprints, preparación de trabajos pendientes y retrospectivas.

Conceptos básicos de codificación: si bien no es necesario que codifiquen, los PM se benefician al comprender conceptos fundamentales de codificación, como variables, bucles, condicionales y estructuras de datos.

API e integraciones: obtenga información sobre las interfaces de programación de aplicaciones (API), cómo facilitan la comunicación entre componentes de software y su función en la creación de integraciones con servicios de terceros.

Análisis de datos: desarrolle una comprensión básica de las técnicas de análisis de datos, incluida la recopilación e interpretación de datos, la definición de métricas y la obtención de conocimientos para informar las decisiones sobre productos.

Tipos de preguntas técnicas en entrevistas de PM

Arquitectura del producto:

- Pregunta: "¿Puede explicar la arquitectura de nuestro producto y sus componentes clave?"
- Enfoque: familiarícese con la arquitectura del producto, incluidos los sistemas frontend y backend, bases de datos, API y puntos de integración.

Compensaciones técnicas:

- Pregunta: "¿Cómo priorizaría las funciones teniendo en cuenta la complejidad técnica y el tiempo de comercialización?"
- Enfoque: Evaluar el impacto de las decisiones técnicas en el desarrollo de productos, considerando factores como escalabilidad, rendimiento, seguridad y mantenibilidad.

Toma de decisiones basada en datos:

- Pregunta: "¿Cómo utilizaría los datos para informar las decisiones sobre productos y medir el éxito?"
- Enfoque: discutir estrategias para recopilar, analizar e interpretar datos para obtener conocimientos prácticos y realizar un seguimiento de los indicadores clave de rendimiento (KPI).

Planificación de la hoja de ruta:

- Pregunta: "¿Cómo se incorporan las dependencias técnicas en la hoja de ruta de su producto?"
- Enfoque: considere las limitaciones técnicas, las dependencias y los riesgos al priorizar funciones y planificar lanzamientos, colaborando estrechamente con los equipos de ingeniería para garantizar la alineación.

Viabilidad técnica:

- Pregunta: "Dada una solicitud de función específica, ¿cómo evaluaría su viabilidad técnica?"
- Enfoque: evaluar los requisitos técnicos, las limitaciones y los posibles desafíos asociados con la implementación de la función, consultando con los equipos de ingeniería según sea necesario.

Consejos para la preparación técnica

Aprenda de los recursos: utilice recursos, tutoriales y cursos en línea para profundizar su comprensión de conceptos técnicos relevantes para la gestión de productos.

Interactúe con ingenieros: colabore con equipos de ingeniería, desarrolladores paralelos y participe en debates técnicos para obtener experiencia y conocimientos prácticos.

Manténgase actualizado: manténgase al tanto de los avances tecnológicos, las tendencias de la industria y las mejores prácticas a través del aprendizaje continuo y la creación de redes con profesionales en el campo.

Practique escenarios técnicos: participe en entrevistas simuladas, estudios de casos y ejercicios técnicos para simular escenarios del

DESCRIBIENDO EL CÓDIGO PM

mundo real y perfeccionar sus habilidades de resolución de problemas.

Parte 5: El proceso de entrevista

Capítulo 14: La pantalla inicial del teléfono

La pantalla inicial del teléfono sirve como primera interacción entre un candidato y un posible empleador. Si bien puede parecer informal en comparación con las entrevistas en persona, es un paso fundamental en el proceso de contratación.

Comprender el propósito

Evaluar la idoneidad: los reclutadores utilizan la pantalla del teléfono para evaluar sus calificaciones, experiencia y adecuación cultural antes de avanzar a la siguiente etapa.

Proporcionar información: es una oportunidad para que usted aprenda más sobre la empresa, el puesto y el proceso de contratación.

Consejos de preparación

Investigue la empresa: familiarícese con los productos, servicios, cultura y noticias recientes de la empresa. Comprenda cómo sus habilidades y experiencias se alinean con la misión y los objetivos de la empresa.

Revise su currículum: esté preparado para analizar su currículum en detalle, destacando experiencias clave, logros y habilidades relevantes para el puesto.

Practique preguntas comunes: anticípese a preguntas comunes en la pantalla del teléfono, como "Hábleme de usted", "¿Por qué está interesado en este puesto/empresa" y "¿Cuáles son sus fortalezas y debilidades?"

Durante la pantalla del teléfono
Sea profesional: trate la pantalla del teléfono como una entrevista formal. Encuentre un

ambiente tranquilo y sin distracciones y hable con claridad y confianza.

Escuche atentamente: preste atención a las preguntas e instrucciones del reclutador. Toma notas si es necesario y pide aclaraciones si no entiendes algo.

Resalte la experiencia relevante: enfatice las experiencias y habilidades que son directamente relevantes para el puesto y la empresa. Proporcione ejemplos específicos para respaldar sus respuestas.

Haciendo preguntas
Acerca del puesto: pregunte sobre las responsabilidades, expectativas y objetivos diarios del puesto. Pregunte sobre la dinámica del equipo, la estructura de informes y las oportunidades de crecimiento.

Acerca de la empresa: busque información sobre la cultura, los valores y la visión a largo plazo de la empresa. Pregunte sobre hitos recientes, desafíos e iniciativas futuras.

Acerca del proceso: aclare los siguientes pasos en el proceso de contratación, incluidas entrevistas, evaluaciones o asignaciones adicionales.

Hacer un seguimiento
Expresar gratitud: envíe un correo electrónico o un mensaje de agradecimiento al reclutador dentro de las 24 horas posteriores a la pantalla del teléfono. Exprese su agradecimiento por la oportunidad de discutir el puesto y reitere su interés en el puesto.

Reiterar interés: utilice la comunicación de seguimiento para reforzar su entusiasmo por el puesto y la empresa. Resuma brevemente los puntos clave de la conversación y reafirme sus calificaciones.

Capítulo 15: Entrevistas in situ

La entrevista in situ suele ser la etapa final en el proceso de contratación para puestos de gestión de productos. Por lo general, implica reunirse con varios entrevistadores, incluidos gerentes de contratación, miembros del equipo y partes interesadas, para evaluar sus habilidades, experiencias y su idoneidad para el puesto y la empresa.

Consejos de preparación

Revise sus notas: actualice su memoria sobre los puntos clave discutidos durante entrevistas anteriores, incluidas sus experiencias, calificaciones y preguntas formuladas.

Investigue la empresa: profundice su comprensión de los productos de la empresa, su posición en el mercado, sus competidores y sus desarrollos recientes. Considere cómo sus habilidades y experiencias se alinean con los objetivos y valores de la empresa.

Practique preguntas de comportamiento: anticipe las preguntas de la entrevista de comportamiento y prepare respuestas concisas y estructuradas utilizando el método STAR (Situación, Tarea, Acción, Resultado).

Revisión técnica: repasar los conceptos técnicos relevantes para el puesto, como metodologías de desarrollo de software, técnicas de análisis de datos y marcos de gestión de productos.

Estructura de la entrevista en el sitio

Entrevistas de panel: espere reunirse con varios entrevistadores en formatos de panel secuenciales o simultáneos. Cada entrevistador puede centrarse en diferentes aspectos, como habilidades técnicas, visión del producto o adecuación cultural.

Presentación o estudio de caso: algunas entrevistas en el sitio pueden incluir una presentación o un ejercicio de estudio de caso, donde se le pedirá que analice un problema, desarrolle recomendaciones y presente sus hallazgos al panel de entrevistas.

Ejercicios de pizarra: prepárese para los ejercicios de pizarra, en los que se le pedirá que esboce diseños de productos, flujos de trabajo o diagramas de arquitectura para demostrar sus habilidades de comunicación y resolución de problemas.

Durante las entrevistas in situ
Esté comprometido: escuche activamente las preguntas e instrucciones de cada entrevistador. Mantenga contacto visual, asienta con atención y

participe en un diálogo significativo durante las entrevistas.

Demuestre liderazgo: muestre sus habilidades de liderazgo articulando una visión clara del producto, priorizando tareas y colaborando eficazmente con equipos multifuncionales.

Muestre sus habilidades para resolver problemas: aborde metódicamente estudios de casos, ejercicios de pizarra y discusiones técnicas. Comunique claramente su proceso de pensamiento, suposiciones y recomendaciones.

Ajuste cultural: enfatice su alineación con la cultura, los valores y la dinámica de equipo de la empresa. Demuestre su adaptabilidad, estilo de comunicación y voluntad de aprender y crecer.

Haciendo preguntas
Acerca del puesto: pregunte sobre las responsabilidades, los desafíos y las oportunidades de impacto del día a día en el puesto. Pregunte sobre la dinámica del equipo,

los procesos de colaboración y las expectativas de desempeño.

Acerca del equipo: busque información sobre la composición del equipo de producto, las funciones y responsabilidades individuales y la cultura del equipo. Infórmese sobre oportunidades de tutoría, desarrollo profesional y colaboración interdisciplinaria.

Acerca de la empresa: profundice en las prioridades estratégicas, el posicionamiento en el mercado y la trayectoria de crecimiento de la empresa. Pregunte sobre el enfoque de la empresa en materia de innovación, hoja de ruta del producto y enfoque en el cliente.

Hacer un seguimiento
Envíe notas de agradecimiento: exprese su gratitud a cada entrevistador dentro de las 24 a 48 horas posteriores a las entrevistas en el sitio. Personalice sus mensajes y reitere su interés en el puesto y la empresa.

Reflexione sobre la experiencia: Tómese el tiempo para reflexionar sobre sus entrevistas en el sitio, señalando las áreas de fortaleza y las áreas de mejora. Utilice los comentarios para perfeccionar sus habilidades y estrategias de entrevista para futuras oportunidades.

Capítulo 16: Entrevistas conductuales para gerentes de producto

Las entrevistas de comportamiento son un componente clave del proceso de entrevista de gestión de productos (PM), y se centran en evaluar sus experiencias pasadas, comportamientos y habilidades para tomar decisiones. Los entrevistadores utilizan preguntas de comportamiento para evaluar cómo ha manejado diversas situaciones en el pasado, como un predictor de su desempeño futuro en el puesto.

Comprender las entrevistas conductuales
El comportamiento pasado predice el desempeño futuro: las entrevistas de comportamiento se basan en la premisa de que sus acciones y comportamientos pasados son indicativos de

cómo se desempeñará en situaciones similares en el futuro.

Enfoque estructurado: los entrevistadores utilizan un formato estructurado, a menudo el método STAR (Situación, Tarea, Acción, Resultado), para obtener ejemplos específicos de sus experiencias pasadas.

Consejos de preparación

Reflexione sobre experiencias pasadas: identifique experiencias clave de sus funciones anteriores que demuestren habilidades y competencias relevantes para la gestión de productos, como liderazgo, resolución de problemas y colaboración.

Revise la descripción del puesto: adapte sus ejemplos para alinearlos con las competencias y calificaciones descritas en la descripción del puesto. Concéntrese en experiencias que destaquen su idoneidad para el puesto.

Practique el método STAR: estructure sus respuestas utilizando el método STAR, proporcionando ejemplos específicos de situaciones que haya encontrado, las tareas involucradas, las acciones que tomó y los resultados obtenidos.

Preguntas de comportamiento comunes

Liderazgo:

- Pregunta de ejemplo: "¿Puede darnos un ejemplo de un momento en el que dirigió un equipo multifuncional para lograr una meta desafiante?"
- Enfoque: describa la situación, su función y responsabilidades, las acciones que tomó para liderar el equipo y los resultados obtenidos.

Resolución de problemas:

- Pregunta de ejemplo: "Describe un problema complejo que hayas enfrentado en un puesto anterior y cómo abordaste su solución".
- Enfoque: describa el problema, los pasos que tomó para analizarlo y abordarlo, los desafíos encontrados y el resultado final.

Comunicación y colaboración:

- Pregunta de ejemplo: "¿Puede darnos un ejemplo de un proyecto en el que haya tenido que colaborar con partes interesadas de diferentes departamentos?"
- Enfoque: Analice cómo se comunicó de manera efectiva con diversas partes interesadas, resolvió conflictos y aseguró la alineación para lograr los objetivos del proyecto.

Adaptabilidad:

- Pregunta de ejemplo: "Describa un momento en el que tuvo que adaptarse a un cambio significativo en el alcance o las prioridades del proyecto".
- Enfoque: Explique el cambio o desafío que enfrentó, cómo ajustó su enfoque o prioridades y el impacto de su adaptabilidad en el resultado.

Durante la entrevista
Escuche atentamente: preste atención a las preguntas y sugerencias del entrevistador. Tómate un momento para ordenar tus pensamientos antes de responder.

Sea específico: proporcione ejemplos detallados y evite hablar en generalidades. Utilice resultados concretos y cuantificables para ilustrar sus logros.

Manténgase positivo: incluso cuando hable de situaciones desafiantes o fracasos, concéntrese en lo que aprendió de la experiencia y en cómo creció como resultado.

Hacer un seguimiento
Reflexionar sobre los comentarios: utilice los comentarios de las entrevistas conductuales para identificar áreas de mejora y mayor desarrollo. Considere cómo puede aprovechar las experiencias pasadas para mejorar su desempeño en roles futuros.

Continuar practicando: La entrevista conductual es una habilidad que mejora con la práctica. Busque oportunidades para practicar con compañeros, mentores o mediante entrevistas simuladas para perfeccionar sus habilidades de narración y comunicación.

Capítulo 17: Ronda final y entrevistas ejecutivas

La ronda final y las entrevistas ejecutivas representan la culminación del proceso de entrevistas de gestión de productos (PM), y ofrecen a los candidatos la oportunidad de interactuar con líderes sénior, demostrar su perspicacia estratégica y mostrar su idoneidad para la organización.

Entrevistas de la ronda final

Evaluación en profundidad: las entrevistas de la ronda final generalmente implican reunirse con partes interesadas clave, incluidos gerentes de contratación, miembros del equipo y líderes multifuncionales, para evaluar sus habilidades, experiencias y adecuación cultural.

Escenarios avanzados: espere preguntas y escenarios más desafiantes que pongan a prueba sus habilidades para resolver problemas, su pensamiento estratégico y su potencial de liderazgo.

Ajuste cultural: enfatice su alineación con los valores, la misión y la cultura de la empresa, mostrando su capacidad para prosperar dentro del entorno único de la organización.

Entrevistas ejecutivas
Alineación estratégica: las entrevistas ejecutivas se centran en evaluar su visión estratégica, visión para los negocios y capacidad para impulsar la innovación y el crecimiento dentro de la organización.

Pensamiento global: prepárese para discutir iniciativas estratégicas de alto nivel, tendencias del mercado, panorama competitivo y objetivos a largo plazo que impactan la estrategia y la hoja de ruta del producto de la empresa.

Presencia de liderazgo: demuestre confianza, aplomo y presencia ejecutiva en sus interacciones con líderes senior. Comunique sus ideas de forma clara y persuasiva, mostrando su capacidad para influir e inspirar a otros.

Consejos de preparación
Investigue a los líderes sénior: familiarícese con los antecedentes, funciones y prioridades de los ejecutivos con los que se reunirá. Comprenda sus áreas de especialización y cómo se alinean con la función de gestión de productos.

Revise la estrategia organizacional: obtenga información sobre las prioridades estratégicas, el posicionamiento en el mercado y las iniciativas de crecimiento de la empresa. Considere cómo sus habilidades y experiencias pueden contribuir al logro de los objetivos estratégicos de la empresa.

Practique escenarios de nivel superior: participe en entrevistas simuladas o ejercicios de juego de roles para simular interacciones con líderes superiores. Practique articular sus ideas de manera concisa, abordar preguntas desafiantes y demostrar sus habilidades de pensamiento estratégico.

Durante las entrevistas
Demuestre visión para los negocios: demuestre su comprensión del contexto empresarial más amplio, incluidas las métricas financieras, la dinámica del mercado y el panorama competitivo. Alinee sus respuestas con los objetivos y prioridades estratégicas de la empresa.

Resalte las habilidades de liderazgo: enfatice su historial de generar resultados, liderar equipos multifuncionales e influir en las partes interesadas en todos los niveles de la organización. Proporcione ejemplos específicos de cómo ha demostrado liderazgo en puestos anteriores.

Haga preguntas reflexivas: involucre a los líderes senior en un diálogo significativo haciendo preguntas interesantes sobre su visión del producto, la cultura de la empresa y las oportunidades de crecimiento e innovación.

Hacer un seguimiento
Expresar gratitud: envíe notas de agradecimiento personalizadas a cada entrevistador ejecutivo dentro de las 24 a 48 horas posteriores a las entrevistas. Exprese su agradecimiento por la oportunidad de discutir el puesto y reafirme su entusiasmo por unirse a la organización.

Reiterar interés: utilice la comunicación de seguimiento para reiterar su interés en el puesto y la empresa, resumiendo los puntos clave de las entrevistas y destacando su alineación con las prioridades estratégicas de la organización.

Parte 6: Proceso posterior a la entrevista

Capítulo 18: Seguimiento después de las entrevistas

El seguimiento después de las entrevistas es un paso crucial en el proceso de búsqueda de empleo. No sólo demuestra su profesionalismo y entusiasmo, sino que también lo mantiene como una prioridad para el equipo de contratación.

La importancia del seguimiento

Expresar agradecimiento: enviar una nota de agradecimiento muestra gratitud por el tiempo y esfuerzo de los entrevistadores al evaluar su solicitud.

Reiterar interés: un mensaje de seguimiento le permite reafirmar su entusiasmo por el puesto y la empresa.

Resalte los puntos clave: brinda la oportunidad de reforzar sus calificaciones y aclarar cualquier punto que crea que no se abordó adecuadamente durante la entrevista.

Tiempo y medio

Momento: envíe su seguimiento dentro de las 24-48 horas posteriores a la entrevista. Esto garantiza que su mensaje sea oportuno y relevante mientras la entrevista aún esté fresca en la mente de los entrevistadores.

Medio: El correo electrónico es el medio preferido para el seguimiento, ya que es profesional, directo y permite dejar un registro escrito de su comunicación.

Estructura de un correo electrónico de seguimiento

Línea de asunto: utilice una línea de asunto clara y concisa, como "Gracias – [Su nombre], [Puesto] Entrevista".

Saludo: Diríjase al entrevistador por su nombre. Si se reúne con varias personas, considere enviar correos electrónicos individuales a cada persona.

Exprese gratitud: comience agradeciendo al entrevistador por su tiempo y la oportunidad de discutir el puesto.

Reiterar interés: indique claramente su continuo interés en el puesto y la empresa.

Resalte los puntos clave: mencione algunos puntos clave de la entrevista que refuercen sus calificaciones y sean adecuados para el puesto. Haga referencia a temas o discusiones específicos de la entrevista.

Próximos pasos: pregunte cortésmente sobre los próximos pasos en el proceso de contratación o el cronograma para tomar una decisión si aún no se ha comunicado.

Cierre: finalice con un cierre cortés, como "Saludos cordiales" o "Atentamente", seguido de su nombre completo e información de contacto.

Ejemplo de correo electrónico de seguimiento

Línea de asunto: Gracias - Jane Doe, entrevista con el gerente de producto

Estimado [Nombre del entrevistador],

Quería agradecerle por la oportunidad de realizar una entrevista para el puesto de

Gerente de Producto en [Nombre de la empresa] el [Fecha de la entrevista]. Disfruté nuestra conversación y aprendí más sobre los interesantes proyectos y la cultura innovadora de [Nombre de la empresa].

Estoy muy entusiasmado con la posibilidad de unirme a su equipo y contribuir al desarrollo de [producto o iniciativa específica discutida durante la entrevista]. Mi experiencia en [experiencia o habilidad específica] y mi pasión por [industria o interés específico de rol] se alinean bien con los objetivos y la visión de su equipo.

Nuestra discusión sobre [tema o proyecto específico] me impactó particularmente y estoy ansioso por aportar mi experiencia en [habilidad o experiencia relevante] para ayudarlo a lograr sus objetivos.

¿Podría informarme sobre los próximos pasos en el proceso de contratación o el cronograma previsto para tomar una decisión? Estoy muy

interesado en la oportunidad de contribuir a [Nombre de la empresa] y estoy entusiasmado con el potencial de trabajar juntos.

Gracias una vez más por su tiempo y consideración. Espero con ansias la posibilidad de unirme a su equipo.

Atentamente,

fulano de tal
[Dirección de correo electrónico]
[Número de teléfono]
[Perfil de LinkedIn] (opcional)

Capítulo 19: Negociación de ofertas de trabajo

Negociar una oferta de trabajo es un paso crítico en el proceso de búsqueda de empleo. No sólo sienta las bases para su compensación, sino que también establece su valor y expectativas profesionales dentro de la empresa. A continuación se explica cómo navegar eficazmente en el proceso de negociación:

Comprender la importancia de la negociación
Maximice la compensación: asegúrese de recibir un salario y un paquete de beneficios justo y competitivo que refleje sus habilidades, experiencia y valor de mercado.

Establezca expectativas: establezca términos y condiciones claros para su función, responsabilidades y oportunidades de crecimiento dentro de la organización.

Construya relaciones: aborde las negociaciones de manera profesional para fomentar relaciones positivas con su futuro empleador.

Preparación para la negociación

Investigue las tarifas del mercado: comprenda las tarifas del mercado para el puesto que se le ofrece investigando los estándares de la industria, las diferencias geográficas y los puntos de referencia específicos de la empresa.

Conozca su valor: reflexione sobre sus habilidades, experiencia y calificaciones únicas. Esté preparado para explicar por qué merece la compensación y los beneficios que solicita.

Identifique prioridades: determine qué es más importante para usted: salario, beneficios, equilibrio entre vida personal y laboral, oportunidades de desarrollo profesional, etc.

Priorice estos elementos para guiar su negociación.

El proceso de negociación

Reciba la oferta: revise cuidadosamente la oferta de trabajo, incluido el salario, los beneficios, el cargo, las responsabilidades y cualquier otro detalle relevante. Tómese su tiempo para comprender completamente los términos antes de responder.

Expresar gratitud: comience expresando su agradecimiento por la oferta. Un tono positivo y agradecido establece un tono colaborativo para la negociación.

Evalúe la oferta: compare la oferta con su investigación, necesidades personales y objetivos profesionales. Identifique áreas en las que le gustaría negociar mejores condiciones.

Prepare su contraoferta: desarrolle una contraoferta clara y concisa. Sea específico acerca de los cambios que solicita y proporcione una justificación para cada uno. Utilice su investigación y comprensión de su valor para respaldar sus solicitudes.

Tácticas de negociación

Comuníquese con claridad: articule claramente su contraoferta, enfatizando su entusiasmo por el puesto y el razonamiento detrás de los cambios solicitados.

Sea profesional y respetuoso: mantenga una conducta respetuosa y profesional durante toda la negociación. Demuestre que está abierto a encontrar un acuerdo mutuamente beneficioso.

Utilice elementos negociables no salariales: si el empleador no puede cumplir con su solicitud de salario, considere negociar otros aspectos de la oferta, como bonos de firma, opciones sobre acciones, flexibilidad de trabajo remoto, oportunidades de desarrollo profesional o días de vacaciones adicionales.

Sepa cuándo comprometerse: esté preparado para encontrar un término medio. Comprenda qué aspectos de la oferta no son negociables para usted y cuáles son flexibles.

Ejemplo de correo electrónico de contraoferta

Línea de asunto: Re: Oferta de trabajo – [Su nombre]

Estimado [nombre del gerente de contratación],

Gracias por ofrecerme el puesto de [Puesto de trabajo] en [Nombre de la empresa]. Estoy entusiasmado con la oportunidad de unirme a su equipo y contribuir a [proyecto u objetivo específico].

He revisado la oferta y estoy muy entusiasmado con el puesto. Sin embargo, me gustaría analizar el paquete de compensación para asegurarme de que se alinee con mis habilidades y valor de mercado. Según mi investigación y los estándares de la industria, esperaba un salario base más cercano a [cantidad deseada]. Este ajuste reflejaría mis [habilidades o experiencias específicas que justifican la solicitud].

Además, me gustaría analizar la posibilidad de [mencionar cualquier otro beneficio no salarial, como días de vacaciones adicionales, opciones de trabajo remoto, etc.].

Confío en que podamos llegar a un acuerdo que funcione para ambos y me permita contribuir eficazmente al equipo. Espero seguir discutiendo esto y estoy ansioso por comenzar a trabajar juntos.

Gracias por considerar mi petición.

Atentamente,

[Su nombre]
[Dirección de correo electrónico]
[Número de teléfono]

Capítulo 20: Incorporación y comienzo de su carrera como PM

La transición exitosa del proceso de entrevista a su nuevo rol como gerente de producto (PM) implica un plan de incorporación bien pensado. La incorporación eficaz sienta las bases para su carrera y le ayuda a convertirse rápidamente en un miembro valioso del equipo.

Comprender la incorporación

Propósito: La incorporación está diseñada para integrarlo a la empresa, familiarizarlo con sus procesos y cultura, y brindarle las herramientas y el conocimiento necesarios para desempeñar su función de manera efectiva.

Duración: la incorporación generalmente abarca desde las primeras semanas hasta los meses de su empleo, con apoyo y desarrollo continuos a medida que se adapta a su puesto.

Preparación previa al inicio

Revise los materiales de la empresa: antes de la fecha de inicio, revise todos los materiales proporcionados por su empleador, como el manual del empleado, la documentación del producto o las políticas de la empresa.

Configure el espacio de trabajo: asegúrese de que el espacio de trabajo de su hogar u oficina esté equipado con las herramientas y la tecnología necesarias. Esto incluye una computadora, acceso a Internet y cualquier software específico necesario para su función.

Conéctese con su gerente: comuníquese con su nuevo gerente para expresarle su entusiasmo y preguntarle si hay algún preparativo específico que deba hacer antes del primer día.

Primera semana

Orientación: asista a las sesiones de orientación de la empresa para conocer la estructura organizacional, las políticas clave y los recursos de los empleados.

Conozca a su equipo: preséntese a los miembros de su equipo y otras partes interesadas clave. Establecer relaciones desde el principio es crucial para una colaboración exitosa.

Comprenda su función: aclare sus responsabilidades, objetivos clave y proyectos iniciales con su gerente. Comprenda las expectativas de su función y cómo se medirá su éxito.

Conozca las herramientas: familiarícese con las herramientas y sistemas utilizados por la empresa, como software de gestión de proyectos, plataformas de comunicación y herramientas de análisis de datos.

Primer mes

Inmersión de producto: inmersión profunda en los productos o servicios de la empresa. Comprender el ciclo de vida del producto, las características clave, la base de clientes y el panorama competitivo.

Participación de las partes interesadas: programe reuniones con las partes interesadas clave, incluidos ingenieros, diseñadores, especialistas en marketing y equipos de ventas, para comprender sus funciones y perspectivas.

Observe y aprenda: asista a reuniones, revise la documentación de proyectos anteriores y observe cómo se toman las decisiones. Esto proporcionará un contexto valioso y le ayudará a comprender el flujo de trabajo y la cultura de la empresa.

Contribuya temprano: comience a contribuir en pequeños proyectos o tareas para demostrar sus capacidades y generar confianza. Busque comentarios para asegurarse de que está en el camino correcto.

Primeros tres meses

Desarrolle un plan: trabaje con su gerente para crear un plan de 30-60-90 días que describa sus metas y prioridades para los primeros tres meses. Este plan debe incluir hitos de aprendizaje, proyectos clave y métricas de desempeño.

Construya relaciones: continúe construyendo y fortaleciendo relaciones con su equipo y socios multifuncionales. Los PM eficaces son colaboradores fuertes que pueden influir sin autoridad.

Busque comentarios: busque comentarios con regularidad de su gerente, pares y partes interesadas. Utilice esta retroalimentación para ajustar su enfoque y mejorar su desempeño.

Showcase Wins: realice un seguimiento de sus logros y comparta el progreso con su gerente y equipo. Las victorias tempranas ayudan a generar credibilidad y demostrar su valor para la organización.

Desarrollo en curso

Aprendizaje continuo: manténgase actualizado con las tendencias de la industria, las nuevas tecnologías y las mejores prácticas en la gestión de productos. Asista a conferencias, tome cursos en línea y lea libros y artículos relevantes.

Desarrollo Profesional: Identificar áreas de crecimiento personal y profesional. Busque tutoría, participe en comunidades de PM y obtenga certificaciones relevantes.

Contribuir a la cultura: participar activamente en la cultura de la empresa participando en actividades de formación de equipos, eventos de la empresa y cualquier iniciativa que promueva un ambiente de trabajo positivo.

Establezca metas a largo plazo: trabaje con su gerente para establecer metas profesionales a largo plazo e identificar oportunidades de avance dentro de la empresa. Revise y ajuste periódicamente estos objetivos a medida que avance en su función.

Capítulo 21: Aprendizaje y desarrollo continuo

En el campo de la gestión de productos en rápida evolución, el aprendizaje y el desarrollo continuos son esenciales para seguir siendo relevantes, innovar y liderar de manera efectiva. Como gerente de producto (PM), su capacidad para adaptarse y crecer es crucial para su éxito a largo plazo y el éxito de sus productos.

Adopte una mentalidad de aprendizaje

Curiosidad y apertura: cultivar una curiosidad inherente sobre las nuevas tecnologías, metodologías y tendencias de la industria. Esté abierto a nuevas ideas y perspectivas y trate de comprender el "por qué" detrás de ellas.

Orientación al crecimiento: adopte una mentalidad de crecimiento, viendo los desafíos y fracasos como oportunidades para aprender y mejorar. Centrarse en la mejora continua en lugar de la perfección.

Aproveche diversos recursos de aprendizaje

Cursos y certificaciones en línea:

1. Plataformas: utilice plataformas de aprendizaje en línea como Coursera, Udacity y LinkedIn Learning para realizar cursos sobre gestión de productos, análisis de datos, diseño de UX y más.
2. Certificaciones: considere obtener certificaciones como Certified Scrum Product Owner (CSPO) o certificaciones de gestión de productos de instituciones reconocidas para validar sus habilidades.

Libros y publicaciones:

1. Libros: lea periódicamente libros sobre gestión de productos, liderazgo e innovación. Algunos títulos recomendados incluyen "Inspired" de Marty Cagan, "The Lean Product Playbook" de Dan Olsen y "Cracking the PM Interview" de Gayle Laakmann McDowell y Jackie Bavaro.
2. Publicaciones: Suscríbase a publicaciones, blogs y boletines informativos de la industria, como Mind the Product, Product Coalition y Product Management Today, para conocer las últimas ideas y tendencias.

Podcasts y seminarios web:

1. Podcasts: escuche podcasts centrados en PM como "The Product Podcast", "Product Love" y "This is Product Management" para obtener información

de expertos de la industria y mantenerse actualizado sobre las mejores prácticas.
2. Seminarios web: asista a seminarios web organizados por organizaciones y líderes de la industria para conocer nuevas herramientas, estrategias y estudios de casos.

Interactuar con comunidades profesionales

Únase a las comunidades PM:

1. Comunidades en línea: participe en comunidades en línea como Product School, Mind the Product y PMHQ para establecer contactos, compartir conocimientos y buscar asesoramiento de otros gerentes de productos.
2. Reuniones locales: asista a reuniones y eventos de PM locales para conectarse con

pares, intercambiar ideas y construir una red de apoyo.

Asociaciones profesionales:

1. Membresías: considere unirse a asociaciones profesionales como la Asociación de Gestión y Marketing de Productos Internacionales (AIPMM) o la Asociación de Gestión y Desarrollo de Productos (PDMA) para acceder a recursos, conferencias y oportunidades de networking.

Busque tutoría y coaching

Encuentre un mentor:

1. Programas de tutoría: únase a programas formales de tutoría ofrecidos por organizaciones o comunidades de PM para encontrar mentores experimentados que puedan guiar su desarrollo profesional.

2. Mentores informales: busque mentores informales dentro de su red que puedan brindar consejos, comentarios y apoyo en función de sus experiencias.

Contrata un entrenador:

1. Asesoramiento profesional: considere contratar un asesor profesional que se especialice en gestión de productos para ayudarlo a establecer objetivos, afrontar desafíos y acelerar su crecimiento.

Experiencia práctica y experimentación.

Proyectos prácticos:

1. Proyectos paralelos: participe en proyectos paralelos o trabaje como autónomo para aplicar nuevas habilidades, experimentar con diferentes enfoques y crear su cartera.

2. Hackatones: participe en hackatones o desafíos de innovación para colaborar con diversos equipos, abordar problemas del mundo real y adquirir experiencia práctica.

Colaboración multifuncional:

1. Rotaciones internas: explore oportunidades de rotaciones internas dentro de su empresa para obtener exposición a diferentes funciones como marketing, ingeniería y ventas.
2. Proyectos interdepartamentales: sea voluntario en proyectos o iniciativas multifuncionales para ampliar su comprensión de cómo los diferentes departamentos contribuyen al éxito del producto.

Reflexionar y adaptarse

Autoevaluación:

1. Reflexión periódica: reserve tiempo para una autoevaluación periódica para evaluar sus fortalezas, debilidades y progreso hacia sus objetivos profesionales.
2. Comentarios: busque activamente comentarios de pares, gerentes y partes interesadas para identificar áreas de mejora y desarrollo.

El plan de Desarrollo personal:

1. Establecimiento de objetivos: cree un plan de desarrollo personal con objetivos específicos, medibles, alcanzables, relevantes y con plazos determinados (SMART).
2. Revisar y ajustar: revise periódicamente su plan de desarrollo, realice un seguimiento de su progreso y ajuste sus objetivos y estrategias según sea necesario.

Capítulo 22: Herramientas y software de PM

La gestión eficaz de productos requiere un conjunto de herramientas y software que faciliten la colaboración, el seguimiento de proyectos, el análisis de datos y la comunicación. Como gerente de producto (PM), aprovechar las herramientas adecuadas puede mejorar significativamente su eficiencia y eficacia. A continuación se muestra una lista de herramientas y software de gestión de proyectos esenciales, organizados por sus funciones principales:

Planificación y hoja de ruta del producto

¡Ajá!

- Descripción general: una herramienta integral de hoja de ruta de productos que le ayuda a establecer una estrategia de producto, crear hojas de ruta detalladas y priorizar funciones.
- Funciones clave: planificación estratégica, gestión de ideas, priorización de funciones y hojas de ruta visuales.

Plan de producto

- Descripción general: una herramienta de hojas de ruta fácil de usar diseñada para crear y compartir fácilmente hojas de ruta de productos.
- Características clave: interfaz de arrastrar y soltar, funciones de colaboración e integración con otras herramientas de gestión de proyectos como Jira y Trello.

vagabundo

- Descripción general: una herramienta versátil para crear y compartir hojas de ruta visuales, adecuada para diversos públicos, desde ejecutivos hasta equipos de desarrollo.
- Características clave: Múltiples vistas de hojas de ruta, colaboración y recopilación de comentarios.

Gestión de proyectos y seguimiento de tareas

Sí

- Descripción general: una poderosa herramienta ampliamente utilizada en entornos de desarrollo ágiles para el seguimiento de proyectos y la gestión de problemas.
- Características clave: tableros Scrum y Kanban, flujos de trabajo personalizables,

informes e integración con otras herramientas de desarrollo.

Trelo

- Descripción general: una herramienta visual sencilla para gestionar tareas y proyectos mediante tableros, listas y tarjetas.
- Características clave: Interfaz de arrastrar y soltar, tableros personalizables e integración con numerosas aplicaciones de terceros.

Asana

- Descripción general: una herramienta de gestión de proyectos flexible que ayuda a los equipos a organizar el trabajo, realizar un seguimiento del progreso y gestionar tareas.
- Funciones clave: Asignaciones de tareas, cronogramas, hitos y funciones de colaboración.

Colaboración y comunicación

Flojo

- Descripción general: una plataforma de mensajería que facilita la comunicación y colaboración en equipo.
- Funciones clave: Canales para diferentes temas, mensajería directa, intercambio de archivos e integración con otras herramientas como Google Drive y Trello.

Equipos de Microsoft

- Descripción general: una herramienta de colaboración que combina chat en el lugar de trabajo, videoconferencias, almacenamiento de archivos e integración de aplicaciones.
- Funciones clave: chat, videoconferencia, uso compartido de archivos e integración con Microsoft Office Suite.

Confluencia

- Descripción general: una herramienta de colaboración y documentación de Atlassian que ayuda a los equipos a crear, compartir y gestionar contenido.
- Características clave: colaboración de documentos, base de conocimientos e integración con Jira.

Investigación y comentarios de usuarios

Pruebas de usuario

- Descripción general: una plataforma que proporciona información sobre los usuarios bajo demanda al permitirle realizar pruebas de usabilidad con usuarios reales.

- Características clave: Comentarios en vídeo, creación de pruebas y herramientas de análisis.

Mono encuesta

- Descripción general: una herramienta de encuesta que le ayuda a recopilar y analizar los comentarios de los usuarios.
- Características clave: encuestas, plantillas, análisis de datos e informes personalizables.

Tipo de formulario

- Descripción general: una herramienta de encuestas y formularios en línea diseñada para crear formularios atractivos e interactivos.
- Características clave: formularios conversacionales, plantillas personalizables e integración con varias aplicaciones.

Análisis y datos

Google analitico

- Descripción general: un servicio de análisis web que rastrea e informa el tráfico del sitio web y el comportamiento del usuario.
- Funciones clave: datos en tiempo real, información sobre la audiencia, análisis del flujo de usuarios y seguimiento de objetivos.

panel mixto

- Descripción general: una herramienta de análisis avanzada que se centra en rastrear las interacciones y los comportamientos de los usuarios dentro de su producto.
- Funciones clave: seguimiento de eventos, análisis de embudo, informes de retención y pruebas A/B.

Amplitud

- Descripción general: una plataforma de análisis de productos que le ayuda a comprender el comportamiento del usuario e impulsar la estrategia del producto.
- Características clave: cohortes de comportamiento, recorridos de usuarios y métricas de participación.

Diseño y creación de prototipos

figura

- Descripción general: una herramienta de diseño basada en la nube que permite a los equipos colaborar en el diseño y la creación de prototipos en tiempo real.
- Funciones clave: colaboración en tiempo real, editor de gráficos vectoriales y prototipos interactivos.

Bosquejo

- Descripción general: una herramienta de diseño vectorial utilizada principalmente para el diseño UI/UX, conocida por su facilidad de uso y características sólidas.
- Características clave: bibliotecas de símbolos, edición de vectores e integración con herramientas de creación de prototipos.

InVisión

- Descripción general: una plataforma de diseño de productos digitales que ayuda a los equipos a crear prototipos, colaborar y gestionar proyectos de diseño.
- Características clave: prototipos interactivos, colaboración en el diseño y recopilación de comentarios.

Gestión de relaciones con el cliente (CRM)

Fuerza de ventas

- Descripción general: una plataforma CRM líder que ayuda a gestionar las relaciones con los clientes, las ventas y el marketing.
- Características clave: gestión de oportunidades y clientes potenciales, paneles personalizables e integración con numerosas aplicaciones de terceros.

HubSpot

- Descripción general: una plataforma CRM todo en uno que incluye herramientas de marketing, ventas y servicio al cliente.
- Funciones clave: gestión de contactos, marketing por correo electrónico, canal de ventas y análisis.

zendesk

- Descripción general: una plataforma de participación y servicio al cliente que ayuda a gestionar los tickets y las comunicaciones de atención al cliente.
- Características clave: sistema de emisión de tickets, autoservicio para el cliente y análisis.

Estudios de casos de PM exitosos

Aprender de las experiencias y conocimientos de los gerentes de producto (PM) exitosos puede proporcionar una guía e inspiración invaluables. Estos estudios de caso destacan cómo los principales gestores de proyectos han superado los desafíos, impulsado la innovación y logrado un éxito notable en sus funciones.

Estudio de caso 1: Marissa Mayer: de Google a Yahoo

Antecedentes: Marissa Mayer se unió a Google en 1999 como la primera ingeniera de la empresa y luego se convirtió en vicepresidenta de productos de búsqueda y experiencia de usuario. En 2012, fue nombrada directora ejecutiva de Yahoo.

Desafíos y Logros

Rediseño de la Búsqueda de Google:

- Desafío: Al principio de su mandato, Mayer enfrentó el desafío de mejorar la interfaz de búsqueda de Google para mejorar la experiencia del usuario y la eficiencia de la búsqueda.
- Estrategia: se centró en el diseño centrado en el usuario, realizó pruebas exhaustivas con los usuarios y recopiló comentarios para perfeccionar la interfaz.
- Resultado: el rediseño hizo que la Búsqueda de Google fuera más rápida e intuitiva, lo que aumentó significativamente la satisfacción y la participación del usuario.

Lanzamiento de Google Maps:

- Desafío: Mayer dirigió el equipo de gestión de productos de Google Maps, un producto revolucionario que requería una integración compleja de datos cartográficos, diseño de interfaz de usuario y actualizaciones en tiempo real.
- Estrategia: enfatizó la colaboración multifuncional, reuniendo a ingenieros, diseñadores y científicos de datos para crear una experiencia de usuario perfecta.
- Resultado: Google Maps se convirtió en un producto fundamental, transformando la forma en que los usuarios navegan y exploran el mundo.

Esfuerzos de recuperación en Yahoo:

- Desafío: Como director ejecutivo de Yahoo, Mayer pretendía revitalizar al gigante tecnológico en dificultades, centrándose en la innovación de productos y la adquisición de talento.

- Estrategia: Dio prioridad al desarrollo móvil, renovó productos principales y adquirió nuevas empresas para infundir nuevos talentos y tecnología.
- Resultado: Si bien el cambio general de Yahoo enfrentó resultados mixtos, el mandato de Mayer vio un aumento significativo en los usuarios móviles y mejores ofertas de productos.

Estudio de caso 2: Sundar Pichai: líder en Google Chrome

Antecedentes: Sundar Pichai se unió a Google en 2004 y ascendió de rango hasta convertirse en director ejecutivo en 2015. Inicialmente dejó su huella como gerente de producto de Google Chrome.

Desafíos y Logros

Desarrollo de Google Chrome:

- Desafío: El mercado de los navegadores web estaba dominado por Internet Explorer y Firefox. El desafío de Pichai era desarrollar un navegador que ofreciera velocidad, seguridad y experiencia de usuario superiores.
- Estrategia: Se centró en la simplicidad y la velocidad, aprovechando la sólida infraestructura de Google para crear un navegador ligero y rápido. Pichai también garantizó pruebas internas exhaustivas y mejoras iterativas.
- Resultado: Google Chrome ganó rápidamente participación de mercado, convirtiéndose en el navegador web más utilizado del mundo y estableciendo nuevos estándares de rendimiento y seguridad.

Lanzamiento de Google Drive:

- Desafío: Al competir con jugadores establecidos como Dropbox y Microsoft

OneDrive, Pichai necesitaba crear una solución atractiva de almacenamiento en la nube.
- Estrategia: enfatizó la perfecta integración con otros servicios de Google (por ejemplo, Gmail, Google Docs) y generosas opciones de almacenamiento.
- Resultado: Google Drive se convirtió rápidamente en un servicio líder de almacenamiento en la nube, elogiado por su facilidad de uso y sus potentes funciones de colaboración.

Expansión del ecosistema Android:

- Desafío: a medida que crecía la popularidad de Android, a Pichai se le asignó la tarea de administrar su ecosistema y garantizar experiencias de usuario consistentes en diversos dispositivos.
- Estrategia: se centró en crear directrices para los socios de hardware, mejorar la interfaz de usuario e integrar nuevas

funciones basadas en los comentarios de los usuarios.
- Resultado: Android se convirtió en el sistema operativo móvil dominante a nivel mundial, ofreciendo un rico ecosistema de aplicaciones y servicios.

Estudio de caso 3: Sheryl Sandberg: escalar Facebook

Antecedentes: Sheryl Sandberg se unió a Facebook en 2008 como directora de operaciones, aportando una amplia experiencia de su puesto anterior como vicepresidenta de ventas y operaciones globales en línea en Google.

Retos y Logros:

Monetizar Facebook:

- Desafío: Facebook necesitaba desarrollar un modelo de ingresos sostenible sin alienar a su base de usuarios.
- Estrategia: Sandberg introdujo publicidad dirigida, aprovechando los datos de los usuarios para crear anuncios muy relevantes. También se centró en crear herramientas de análisis sólidas para los anunciantes.
- Resultado: la plataforma publicitaria de Facebook se convirtió en una de las más efectivas y rentables de la industria, impulsando un crecimiento exponencial de los ingresos.

Base de usuarios en expansión:

- Desafío: Para mantener el crecimiento, Facebook necesitaba expandir su base de usuarios a nivel internacional y al mismo tiempo garantizar una experiencia de usuario consistente.
- Estrategia: Sandberg encabezó iniciativas para localizar la plataforma, adaptar

funciones a diferentes mercados y mejorar la accesibilidad móvil.
- Resultado: la base de usuarios de Facebook creció a más de 2 mil millones de usuarios activos mensuales, con una penetración significativa en diversos mercados globales.

Navegando el escrutinio público:

- Desafío: Facebook enfrentó un escrutinio cada vez mayor sobre la privacidad de los datos, el contenido de los usuarios y su impacto en la sociedad.
- Estrategia: Sandberg lideró los esfuerzos para mejorar la transparencia, mejorar las medidas de protección de datos y abordar los desafíos de moderación de contenido. También trabajó en comunicación estratégica para gestionar las relaciones públicas y regulatorias.
- Resultado: Si bien persisten los desafíos, Facebook implementó cambios significativos para mejorar la confianza de

los usuarios y el cumplimiento de los estándares regulatorios.

Glosario de términos de gestión de productos

Comprender los términos y conceptos clave en la gestión de productos es crucial para una comunicación y toma de decisiones efectivas. Este glosario proporciona definiciones y explicaciones completas de términos esenciales de gestión de productos.

A

Pruebas A/B: método para comparar dos versiones de un producto o característica para determinar cuál funciona mejor. Los usuarios son asignados aleatoriamente al grupo de control (A) o variante (B), y sus comportamientos se analizan para ver qué versión logra el resultado deseado de manera más efectiva.

Ágil: una metodología para el desarrollo iterativo e incremental, que enfatiza la flexibilidad, la colaboración y los comentarios de los clientes. Los marcos ágiles comunes incluyen Scrum y Kanban.

Análisis: El análisis computacional sistemático de datos. En la gestión de productos, la analítica se utiliza para recopilar información sobre el comportamiento del usuario, el rendimiento del producto y las tendencias del mercado para informar la toma de decisiones.

API (Interfaz de programación de aplicaciones): un conjunto de protocolos y herramientas para crear e integrar aplicaciones de software. Las API permiten que diferentes sistemas de software se comuniquen y compartan datos.

B

Trabajo pendiente: una lista priorizada de funciones, mejoras y correcciones de errores en las que el equipo del producto planea trabajar. El trabajo pendiente se refina y prioriza continuamente en función de la retroalimentación y los objetivos estratégicos.

Evaluación comparativa: el proceso de comparar el desempeño, las características o los procesos de un producto con los de la competencia o los estándares de la industria para identificar áreas de mejora.

Prueba Beta: una fase de prueba del producto en la que se lanza un producto casi completo a un grupo selecto de usuarios fuera de la empresa para identificar errores y recopilar comentarios antes de un lanzamiento más amplio.

Modelo de Negocio: Plan de una empresa para obtener ganancias. Incluye los productos o servicios que ofrece la empresa, su mercado objetivo y las estrategias que utiliza para generar ingresos.

C

Viaje del cliente: la experiencia completa que tiene un cliente con un producto o servicio, desde el conocimiento inicial hasta la interacción posterior a la compra. Mapear el recorrido del cliente ayuda a identificar los puntos débiles y las oportunidades de mejora.

Persona del cliente: una representación ficticia del cliente ideal de un producto, basada en datos e investigaciones de mercado. Las personas ayudan a los equipos de productos a comprender las necesidades, los comportamientos y los objetivos de los usuarios.

Retención de clientes: la capacidad de un producto o servicio de retener a sus clientes durante un período. Las altas tasas de retención indican satisfacción y lealtad del cliente.

Segmentación de clientes: el proceso de dividir una base de clientes en distintos grupos en función de características como la demografía, el comportamiento o las necesidades, para adaptar los esfuerzos de marketing y desarrollo de productos.

D

Toma de decisiones basada en datos: utilizar datos y análisis para informar y guiar las decisiones en lugar de confiar en la intuición o suposiciones.

Design Thinking: un enfoque de resolución de problemas que implica empatizar con los usuarios, definir problemas, idear soluciones, crear prototipos y realizar pruebas. Enfatiza el diseño centrado en el ser humano y la mejora iterativa.

Fase de descubrimiento: la fase inicial del desarrollo de productos en la que el equipo recopila conocimientos a través de investigaciones, entrevistas con usuarios y análisis de mercado para definir el espacio del problema e identificar oportunidades.

Innovación disruptiva: Una innovación que crea un nuevo mercado y una red de valor, alterando los mercados existentes y desplazando productos o servicios líderes en el mercado establecidos.

Y

Compromiso: el nivel de interacción e implicación que tiene un usuario con un producto. Un alto compromiso indica que los usuarios encuentran valor y están utilizando activamente el producto.

Épico: una gran cantidad de trabajo que se puede dividir en tareas más pequeñas o historias de usuarios. Epics ayuda a organizar y priorizar iniciativas de productos importantes.

Experimentación: El proceso de probar hipótesis e ideas para aprender qué funciona mejor. La experimentación implica establecer pruebas controladas, medir resultados e iterar en función de los hallazgos.

Diseño de experiencia (UX): la práctica de diseñar productos centrándose en la experiencia general del usuario, incluida la usabilidad, la accesibilidad y el placer derivado de la interacción con el producto.

F

Característica: Una funcionalidad o característica distintiva de un producto que ofrece valor al usuario. Las funciones a menudo se priorizan en función de las necesidades del usuario, los objetivos comerciales y la viabilidad técnica.

Deslizamiento de funciones: la tendencia de un producto a sobrecargarse con funciones, lo que a menudo genera problemas de complejidad y usabilidad. La gestión eficaz de productos implica equilibrar la incorporación de funciones con la simplicidad y el enfoque en el usuario.

Freemium: modelo de negocio en el que las funciones básicas de un producto se proporcionan de forma gratuita, mientras que las funciones o servicios avanzados se ofrecen con un precio premium.

Embudo: modelo que representa las etapas por las que pasa un cliente desde el conocimiento inicial hasta la conversión o compra. Los embudos ayudan a identificar dónde abandonan los usuarios y cómo optimizar el proceso de conversión.

GRAMO
Estrategia de comercialización (GTM): plan para lanzar un producto al mercado, que incluye estrategias de marketing, ventas y distribución para llegar a los clientes objetivo y lograr los objetivos comerciales.

Growth Hacking: un conjunto de técnicas de marketing centradas en la experimentación rápida y el escalamiento para lograr un crecimiento rápido, a menudo utilizado por las startups.

h
Hackathon: un evento donde los equipos colaboran intensamente en proyectos, generalmente durante un período corto, para crear prototipos o soluciones innovadoras.

Mapa de calor: una representación visual de datos donde los valores se representan por color. En el diseño de UX, los mapas de calor muestran dónde los usuarios hacen clic o interactúan con más frecuencia en una página web o aplicación.

I
Ideación: El proceso de generar y desarrollar nuevas ideas. Las técnicas de ideación incluyen lluvia de ideas, mapas mentales y bocetos.

Iteración: el proceso de refinar y mejorar repetidamente un producto o característica basándose en comentarios y pruebas. El desarrollo iterativo es un principio fundamental de las metodologías ágiles.

Mapeo de impacto: una técnica de planificación estratégica que ayuda a los equipos a visualizar las conexiones entre los objetivos del producto, los comportamientos de los usuarios y las características necesarias para lograrlos.

j

Trabajo por hacer (JTBD): un marco para comprender las necesidades del cliente en función de los trabajos que desean realizar con un producto, en lugar de características demográficas o psicográficas.

Journey Mapping: técnica utilizada para visualizar los pasos que sigue un usuario para completar una tarea con un producto, lo que ayuda a identificar puntos débiles y oportunidades de mejora.

k
Indicadores clave de rendimiento (KPI): métricas utilizadas para medir el rendimiento y el éxito de un producto o iniciativa empresarial. Los KPI comunes incluyen la adquisición, retención, participación e ingresos de usuarios.

Kanban: un marco ágil que utiliza un tablero visual con columnas que representan diferentes etapas de trabajo para gestionar y optimizar el flujo de tareas.

l
Lean Startup: una metodología para desarrollar negocios y productos que se centra en el diseño iterativo, los comentarios de los clientes y el aprendizaje validado para reducir el desperdicio y aumentar la eficiencia.

Valor de por vida (LTV): los ingresos totales que una empresa espera obtener de un cliente durante toda la duración de su relación. LTV ayuda a determinar el valor a largo plazo de adquirir y retener clientes.

METRO
MVP (Producto mínimo viable): la versión más simple de un producto que se puede lanzar a los usuarios para validar un concepto y recopilar comentarios para un mayor desarrollo.

Investigación de mercado: proceso de recopilación y análisis de información sobre un mercado, incluidos sus clientes, competidores y tendencias, para informar el desarrollo de productos y las estrategias de marketing.

Maqueta: una representación visual de alta fidelidad del diseño de un producto, que se utiliza para comunicar el diseño, las características y los elementos de la interfaz de usuario antes del desarrollo.

norte
Net Promoter Score (NPS): una métrica que mide la lealtad y satisfacción del cliente preguntando a los usuarios qué probabilidades hay de que recomienden un producto a otros en una escala de 0 a 10.

Plataformas sin código/bajo código: plataformas de desarrollo que permiten a los usuarios crear aplicaciones con codificación mínima, a menudo utilizando interfaces de arrastrar y soltar y componentes prediseñados.

oh
OKR (Objetivos y resultados clave): un marco de establecimiento de metas que define objetivos claros y los resultados clave necesarios para

lograrlos, alineando los esfuerzos del equipo con las prioridades estratégicas.

Incorporación: el proceso de guiar a nuevos usuarios a través de las etapas iniciales del uso de un producto para ayudarlos a comprender sus características y valor, con el objetivo de mejorar la retención y satisfacción del usuario.

PAG
Persona: Consulte Persona del cliente.

Pivote: Un cambio significativo en la estrategia o dirección del producto basado en aprendizaje y retroalimentación validados, a menudo realizado para satisfacer mejor las necesidades del mercado o resolver un problema de manera más efectiva.

Ajuste producto-mercado: grado en el que un producto satisface una fuerte demanda del mercado, lo que indica que ha encontrado su público objetivo y está satisfaciendo sus necesidades de manera efectiva.

q
Investigación cualitativa: investigación que recopila datos no numéricos para comprender los comportamientos, motivaciones y actitudes de los usuarios a través de métodos como entrevistas, grupos focales y observaciones.

Investigación cuantitativa: investigación que recopila datos numéricos para cuantificar comportamientos, tendencias y opiniones, a menudo utilizando encuestas, análisis y análisis estadístico.

R
Hoja de ruta: un plan estratégico que describe la visión, dirección, prioridades y progreso de un producto a lo largo del tiempo. Las hojas de ruta comunican la estrategia del producto a las partes interesadas y guían los esfuerzos de desarrollo.

ROI (Retorno de la Inversión): Una medida de la rentabilidad de una inversión, calculada como la relación entre el beneficio neto y el coste de la inversión inicial.

S

Scrum: un marco ágil que organiza el trabajo en iteraciones y sprints con plazos definidos, que normalmente duran de 2 a 4 semanas. Incluye roles como Scrum Master y Product Owner, y ceremonias como reuniones diarias y revisiones de sprint.

Sprint: un período establecido durante el cual se debe completar un trabajo específico y prepararlo para su revisión. Los sprints son un componente central del marco Scrum.

Parte interesada: cualquier individuo o grupo interesado en el éxito de un producto, incluidos clientes, empleados, inversores y socios.

t

TAM (Mercado Total Direccionable): La oportunidad de ingresos totales disponible para un producto o servicio si alcanza el 100% de participación de mercado en su mercado objetivo.

Deuda técnica: El costo implícito de trabajo adicional causado por elegir una solución fácil o limitada ahora en lugar de utilizar un enfoque mejor que llevaría más tiempo. La acumulación de deuda técnica puede generar mayores costos de mantenimiento y una reducción de la velocidad de desarrollo.

EN
Experiencia de usuario (UX): consulte Diseño de experiencia.

Flujo de usuario: el camino que sigue un usuario a través de un producto para completar una tarea, desde el punto de entrada hasta la acción final. Mapear los flujos de usuarios ayuda a identificar puntos de fricción y optimizar el recorrido del usuario.

Historia de usuario: una descripción breve y sencilla de una característica o funcionalidad desde la perspectiva del usuario final. Las historias de usuarios se utilizan en el desarrollo ágil para definir requisitos y guiar el desarrollo.

EN
Propuesta de valor: declaración que resume el valor único que un producto ofrece a sus clientes, explicando cómo resuelve sus problemas o satisface sus necesidades mejor que las alternativas.

Declaración de visión: una declaración orientada al futuro del propósito y las aspiraciones de un producto, que guía la dirección estratégica y la toma de decisiones.

EN
Estructura alámbrica: un boceto de baja fidelidad de la interfaz de un producto, que se utiliza para delinear la estructura básica y el diseño antes del diseño y desarrollo detallados.

Flujo de trabajo: la secuencia de pasos o tareas que deben completarse para lograr un resultado particular o completar un proceso. Los flujos de trabajo ayudan a optimizar las operaciones y garantizar la coherencia.

Y
Rendimiento: La eficiencia de un proceso para producir el resultado deseado, a menudo utilizado en el contexto de la fabricación y la producción.

YAGNI (No lo necesitarás): un principio de programación extrema que establece que no debes agregar funcionalidad hasta que sea necesario, lo que ayuda a reducir la complejidad y evitar trabajo innecesario.

CON
Política de cero errores: una práctica en la que el equipo de desarrollo tiene como objetivo abordar y corregir todos los errores conocidos antes de trabajar en nuevas funciones, lo que garantiza un producto estable y de alta calidad.

DESCRIBIENDO EL CÓDIGO PM

Zona de Genio: Un concepto que se refiere al área donde se cruzan las mayores fortalezas y pasiones de un individuo, lo que conduce a un alto rendimiento y satisfacción.

www.ingramcontent.com/pod-product-compliance
Lightning Source LLC
Chambersburg PA
CBHW052312220526
45472CB00001B/90